爱 上 北 外 滩
HISTORY OF THE NORTH BUND

⊙ 主编 熊月之

浦江饭店

ASTOR HOUSE

⊙ 肖可霄 著

上海人民出版社　学林出版社

本书获虹口区宣传文化事业专项资金扶持

《浦江饭店》编纂委员会

主 任

吴 强 郑 宏

主 编

熊月之

副主编

陆 健 李 俊 叶跃群 张卫东

撰 稿

肖可霄

策 划

虹口区档案馆

虹口区地方志办公室

序

　　地理社会学常识告诉我们，山环挡风则气不散，有水为界则气为聚。世界上大江大河弯环入海处，每每就是人类繁衍、都市产生、文明昌盛之地。

　　浩浩黄浦，波翻浪涌，流经上海城厢东南一带，缓弯向北，与吴淞江合流之后，又急弯向东，折北流入长江口。黄浦江在上海境域流线，恰好形成由两个半环连成的"S"形。于是，这里成为聚人汇财的风水宝地。

　　虹口一带江面，为江（吴淞江）浦（黄浦）合流之处。二水合力作用，使得这里水深江阔、江底平实，最宜建造码头、停泊船只、载人运货。此地呈东西向。水北之性属阳，那是阳光灿烂、草木葳蕤、熙来攘往、生机盎然之所在，宜居宜业宜学宜游。于是，林立的码头、兴旺的商铺、别致的住宅、华美的宾馆、发达的学校、美丽的花园、慈善的医院，还有各国的领事馆，成为虹口滨江一带亮丽的风景。

　　虹口滨江一带，近代曾属美租界。美、英两租界在1863年合并为公共租界以后，在功能上有所区分。苏州河以南、原为英租界部分，以商业、金融、住宅为主；苏州河以北、原为美租界部分，西段（虹口）以商业、文化、住宅、宾馆、领馆较为集中，东段（杨树浦）以工业较为集中，航运业则为两段所共有。

于是，黄浦江在此地的弯环处，即从南京路到提篮桥一带，成为上海名副其实的国际会客厅。这里分布了众多的宾馆、公寓、领馆，以及教堂、公园、剧院、邮局等公共设施。汇中饭店、华懋饭店、浦江饭店、上海大厦、上海邮政大楼、河滨大楼、外滩公园、英国领事馆、美国领事馆、俄罗斯领事馆、日本领事馆、意大利领事馆、奥匈帝国领事馆、比利时领事馆、丹麦领事馆、葡萄牙领事馆、西班牙领事馆、挪威领事馆，均荟萃此地。五洲商贾，四方宾客，由吴淞口驶近上海，首先映入眼帘的，便是这一带风姿各异、错落有致的楼宇、桥梁与花园。他们离开上海，最后挥手告别的，也是这道风景线。难怪，20世纪二三十年代关于上海城市的明信片上，最为集中的景点也是这些。

本套丛书记述的浦江饭店、上海大厦、上海邮政大楼、河滨大楼，正是上海会客厅中的佼佼者。

浦江饭店（原名礼查饭店）是上海也是中国第一家现代意义上的国际旅馆，位置绝佳，设施一流。来沪的诸多名人，包括著名的《密勒氏评论报》的创始人富兰克林·密勒、主编鲍威尔，美国密苏里大学新闻学院院长沃尔特·威廉，采访过毛泽东等中共领袖、撰写《西行漫记》的美国记者斯诺，美国知名小说家与剧作家彼得·凯恩，国际计划生育运动创始人山额夫人，诺贝尔文学奖获得者萧伯纳，享有"无线电之父"美誉的意大利科学家马可尼，均曾下榻于此。中国政界要人、工商界巨子、文化界名人，颇多在此接待、宴请外宾，诸如民国初年内阁总理唐绍仪、外交家伍朝枢、淞沪护军使何丰林、南京国民政府外交部长王正廷、虞洽卿、宋汉章、张嘉璈、方椒伯、复旦大学校长李登辉、翻译家邝富灼、著名防疫专家伍连德、出版家张元济，等等。上海工部局的总董、董事，上海滩的外国大亨，教会学校的师生，借这里宴客、聚会、举行毕业典礼，更是家常便饭。他们之所以选择这里，因为这里代表上海的门面，体现上海的身份，反映上海的水平。1927年"四一二"反革命政变以后，遭国民党反动派追捕的无产阶级革命家周恩来、邓颖超夫妇，也曾在这里隐身一个多月。

上海大厦（原名百老汇大厦），是历史悠久、风格别致、装潢典雅、国际闻名的高级公寓，一度是上海最高建筑，也是近赏外滩、远眺浦东、俯察二河（黄浦江、苏州河）、环视上海秀色的最佳观景台。新中国成立后，这里曾是上海接待外国元首的最佳宾馆，党和国家领导人曾陪同外国元首、贵宾，在这里纵论天下大事，细品上海美景。上海大厦是上海历史变迁的见证。1937年日本侵占上海以后，百老汇大厦一度成为日本侵华据点。日本宪兵队特务机构特高课、日本文化特务机构"兴亚院"的分支机构设在这里，许多日本高级将领、杀人魔王入住其中，烟馆、赌场亦开设其中。这里变成骇人听闻、乌烟瘴气的魔窟。抗战胜利后，国民党中央宣传部国际宣传处上海办事处、一批美军在华机构相继迁居其中，一大批外国记者居住于此，法国新闻社、美国新闻处、经济日报等也搬了进来，使得这里成为与西方世界联系最密切的地方。1949年上海解放前夕，蒋经国是在这里举行他离开上海前最后一次会议。上海的最后解放，也是以百老汇大厦回到人民手中为标志的。

上海邮政大楼是上海现代邮政特别发达的标志。邮政是国家与城市的经脉。近代上海是我国现代邮政起步城市，全国邮政枢纽之一，也是联系世界的邮政结点之一。邮政大楼规划之精细，设计之精心，建筑之精美，管理之精良，名闻遐迩。耸立在正门上方的钟楼和塔楼，塔楼两侧希腊人雕塑群像，蕴含的深意，更增添了大楼的美感与韵味。这是迄今保存最为完整、我国早期自建邮政大楼中的仅存硕果，其历史价值无可比拟。邮政大楼矗立北外滩，其功能与航运码头相得益彰，航邮相连，增强了这一带楼宇功能相互联系、相互补充的整体感。至于发生在大楼里、与现代邮政有关的故事，诸如邮票发行、业务拓展、人事代谢，更是每一部中国近代邮政史都不可或缺的。

河滨大楼是近代上海最大公寓楼，商住两用，高8层，占地近7000平方米，建筑总面积近4万平方米，有"远东第一公寓"之美誉。业主为犹太大商人沙逊；整幢建筑呈S造型，取Sassoon的首字母，可谓匠心独具。大楼建筑宏敞精美，用料考究，塔楼、暖气、电梯、游泳池、深井泵、消防泵等各种现代设施一应俱全。楼里起初居住的多为西方人，内以英国人、西班牙人、葡萄牙人、美国人居多。《纽约时报》驻沪办事处、米高梅影片公司驻华办事处、联合电影公司、联利影片有限公司、日华蚕丝株式会社、京沪沪杭甬铁路管理局等中外企业、机关团体、公益组织，最早在楼内办公。抗战胜利以后，上海市轮渡公司、联合国善后救济总署中国分署、联合国驻沪办事处、联合国国际难民组织远东局等，也在此办公。20世纪50年代起，上海中医学院在楼内创立，上海市第一人民医院曾设诊室于此，而众多文化名人入住楼内，更使得这里的文化氛围益发浓厚。

虹口是海派文化重要发源地、承载地、展陈地。新时代虹口，正在绘制新蓝图。经济发达、科技先进、交通便捷、文化繁荣、环境优美，是虹口人的愿景。深入发掘、研究、阐释虹口丰厚的文化底蕴，擦亮虹口文化名片，是虹口愿景的题中应有之义。虹口区高度重视这项工作。本套丛书撰稿人，均多年从事上海历史文化研究，积累丰厚，治学严谨。这四本书，都是第一次以单行本方式，独立展示每一座地标建筑的文化内涵。相信这四本书的出版，对于人们了解北外滩、欣赏北外滩，一定能起到知其沿革、明其奥妙、探赜索隐、钩深致远的作用。

会客厅是绽放笑容、释放热情、展陈文化的场所。这四本书，就是虹口四座大楼向八方来客递上的一张写有自家履历的名片。

2020年12月9日

目录

第一章 上海第一家西式旅馆 … 1
    一、上海开埠与西人东来 … 1
    二、礼查饭店兴建 … 9
    三、移址苏州河畔 … 20

第二章 礼查饭店在动迁中新生 … 31
    一、因建桥而动迁 … 31
    二、应对新竞争 … 38
    三、礼查饭店增建新的大厅 … 52

第三章 战火波及与饭店衰落 … 73
    一、淞沪会战爆发,礼查饭店毗邻"孤岛" … 73
    二、命运多舛,礼查饭店的无奈衰落 … 77
    三、上海解放,礼查饭店迎来"卫生"第一会 … 78
    四、经营困难无力维修,礼查饭店被接管 … 80

第四章 浦江饭店的功能改换 … 83
    一、1959 年,礼查饭店更名为浦江饭店 … 83
    二、1988 年,浦江饭店随上海大厦划归衡山集团 … 86
    三、1990 年,上海证券交易所落户浦江饭店 … 91
    四、2002 年,浦江饭店完成第一期更新改造 … 101
    五、2018 年,浦江饭店翻牌为中国证券博物馆 … 105

第五章 名人留踪   125

一、鲍威尔：西方来华专业报人先驱   125
二、埃德加·斯诺：我热爱中国   135
三、周恩来：礼查饭店的"隐蔽"往事   142
四、周祥生："上海出租车大王"   144
五、周瑞庭：周瑞记创始人   148
六、张爱玲父亲与后母订婚之地   150
七、尉文渊：我在浦江饭店筹建上交所   152
八、胡升阳：我在孔雀厅做"红马甲"   156
九、王臻：印象最深的是"名人客房区"   158

第六章 浦江饭店的意义   163

一、礼查饭店是上海第一家面向国际旅客的现代化旅馆   163
二、近代上海对外开放的"媒介窗口"   172
三、大饭店时代的"国际会客厅"   173
四、一个中国建筑学的隐喻   174
五、续写时代新传奇   182

附录一 大事记   186

附录二 有关名人名录   202

参考文献   215

后 记   216

ASTOR HOUSE

1

浦 江 饭 店

第一章

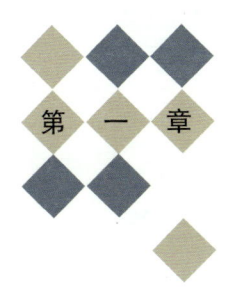

上海第一家西式旅馆

一、上海开埠与西人东来

浦江饭店[1]最早的历史，要追溯到上海开埠后的第三年，也就是1846年的礼查饭店。今天的浦江饭店，即中国证券博物馆，紧邻苏州河，靠近黄浦江，其建筑斜对面便是一河之隔的原英国领事馆，在讲述浦江饭店的故事前，不妨追述英租界和上海开埠的历史。

（一）
1843年11月，上海开埠

英国东印度公司，有的翻译为"The Honourable East India Company"，字面意思为"可敬的东印度公司"，但从其他国家尤其是印度的角度来看，它一点也不可敬，甚至可以说是臭名昭著。当然，对英国而言，它能带来巨大的利益收获。

1832年，就是英国东印度公司的一艘商船，驶出澳门，沿中国海岸线北上做情报考察。这艘飘扬着英国国旗的、叫作"阿美士德号"号的商船，于6月20日抵达上

海。当胡夏米等人到达上海港时，看到了宽敞的码头，码头上人才济济。他们进城时，看到熙熙攘攘的人群在商铺购物，虽然这些店面都偏小了一点。林林总总的商号中，也有销售欧洲羊毛制品的商铺，比他们到过的中国其他城市多得多。根据他们逗留头7天的记录，差不多有400艘船只途经吴淞，驶进上海，船的大小自100吨—

浦江饭店
ASTOR HOUSE

约为19世纪80年代的苏州河北外滩。图左下角,为英国领事馆大门,右为外滩公园

400吨不等,大部分是四桅的北方木船,载满了面粉及大豆。后些天,则见有南方来的商船,每天30—40艘,这些船有福建的,也有来自台湾、广东,以及琉球、安南、暹罗等地。[2]

当时这位广州英国商馆办事员英国人胡夏米(Hugh Hamilton Lindasy),离开上海后,就得出如此结论:上

海"是这个帝国最富有、奢华的最大商业城市之一"。[3]

20世纪风驰电掣，西方蒸汽巨兽正发出粗野喘息，可东方的古老中国却像被埋入时间的泥足巨人。李鸿章预知这一点，称东西方相遇乃"三千年未有之大变局"。

彼时，晚清更像是被抑制气息的睡兽，上海这枚近代中国的金色钥匙，尚未被擦亮。

"阿美士德号"离开后的第八年，就是1840年6月，天朝飞出一只巨大的"黑天鹅"：

英国政府为维护其在华的鸦片贸易，发动了第一次鸦片战争。英军的坚船利炮、先进战术，对清军来说，无疑是一种降维攻击。1842年8月，清朝政府屈辱求和，中英签订了中国近代史上第一个不平等条约《中英江宁条约》（即《南京条约》）。至此，上海成为"五口通商"口岸之一。

1873年7月28日,在威尔斯桥旁建造了花园桥(外白渡桥的前身)。礼查饭店位于桥右边(《虹口1843—1949》)

  1843年11月,英国首任驻上海领事巴富尔与上海道台宫慕久签约,宣布上海于11月17日正式开埠。

  巴富尔看中了黄浦江和苏州河汇合处的李家庄(又称作李家场、李家厂),遂将领事馆从城内迁来苏州河南岸。

  英国人巴富尔为什么选中苏州河南岸这个地方呢?因为这个浦西淞南的江畔漫滩,实在不寻常:(1)临河(苏州河);(2)接湖(苏州河上游吴淞江发源于太湖);(3)连江(黄浦江、长江);(4)通海(东海)。

  其实,早在开埠前一年,这位巴富尔领事作为英军一位上尉,已随同英方全权驻华代表璞鼎查到过上海,参与了英军选划"居留地"之事。他这样描述这次旅行:"当我们沿扬子江下驰,访问上海时,璞鼎查爵士指示我,要我到上海城附近各处视察一番,并为设置居留地

Shanghai British Consulate

Max Nössler & Co., Shanghai, 38 Nanking Road

这个目的，选择一个合适的地点。为此，我曾会同当时上海的中国当局，指定了上海县城以北及以东一块地皮作为居留地，因为在这里的中国人很少，而且有一种自

建于1872年的英国领事馆

然的疆界,还有一条约三千六百英尺(约1公里)长的江岸,商船在这里江面上停泊,既方便又安全,沿江向内地航行,又有广大的农村。"[4]

作为曾经的、一名具有战斗经验的炮兵上尉，巴富尔洞悉这块扼守苏州河口的"地皮"在军事上的重要性：商船、军舰皆能通于此，水陆相接，四通八达。

因此，1845年，英租界首先在上海建立，核心地块——英国领事馆，就在李家庄所在的苏州河南岸，也是如今虹口北外滩浦江饭店的斜对面。

（二）
苏格兰人福钧的抱怨

上海开埠之初，来沪居住的外国人并不多，除领事馆官员外，就是为数不多的商人和传教士。

1843年，上海开辟为通商口岸之后，英租界（1845年）、美租界（1848年）、法租界（1849年）相继辟设，随后英美租界合并（1863年），外国人来沪渐多，居留的时间也较前为长。1843年上海登记在案的外国人为26人，1846年超过100人，1850年超过200人。[5]

当时的中国官府出于"华洋分居"的考虑，并不欢迎外国人在城内租房居住，上海的旅馆住宿业，也不完善。以至于首任英国驻沪领事一行初到上海后，因无处安身而不得不在船上过了一夜。"惟是时荒芜未辟，西人多愿意就居于南市，至1849年始才逐渐移入租界。"[6]

那时住宿条件之简陋，曾于1843年来上海的苏格兰植物学家福钧抱怨道："这个港口在女王陛下的领事巴富尔上尉到来后开放，我于这里刚刚开放的1843年末第一次来到这个地方，在一个类似银行或者说是中国政府设立的兑换货币的地方落脚，在那里有两三个从事贸易的上等中国人。我们都没带炊具，因此我们的三餐只能很马虎，既不是中式也非英式，而是介于二者之间。我们的卧室非常冷：经常在早上醒来时，我们发现自己在床上被雨水浸湿；如果下雪，雪花会从窗户吹进来，在地面上形成'花环'。"[7]

距离福钧的抱怨没多久，开埠后的上海商务，日盛一日，"上海商务日繁，金融流通之需要日增，是钱庄业务逐渐开展，并设于南北两市者亦愈众。北市以丝茶交易为主，南市以花米交易为主，故当时银拆南北市各开"。[8]

看1846年这组数据：

上海当时有外国人口120人。1846年2月21日—1847年2月10日，江海关共征收各国税银六十六万二千余两。英国对华商务关系专门委员会调查报告书载：1846年中国"对英国市场所提供的丝茶中，上海输出了全国二万包生丝中的一万六千包，五千七百万磅茶叶中的一千万磅"。[9]

再看1843年到1849年这组数据：1843年开埠后的最初一个多月里，上海港就有6艘外国商船抵达，[10]后又不断增加，1844年为44艘，1849年为133艘。[11]

可以说，开埠前的上海，对西方文明所知甚少，商业观念上追随着江南文化。到了19世纪中期，鸦片战争的强制力量，让上海被迫直面西方文明，世界资本扩张的力量把上海带入现代化的飞速变动中，受西方多元文化洗礼的西式旅馆，成为引领中国传统文化嬗变的先行地。

二、礼查饭店兴建

（一）

礼查饭店始建于1846年

礼查饭店的创始人——礼查（Peter Felix Richards），是第一批远渡重洋来中国投资的外商之一，1844年，他在上海创立了自己的公司——P.F. Richards & Co.，经营百货及中介佣金代理等业务。

查阅1851年11月29日的《北华捷报》，让人感

1851年11月29日，礼查在《北华捷报》刊登广告

觉这位礼查先生精明又务实。他不仅在报纸上亮出"ESTABLISHED IN 1844"（1844年成立）这个招牌，表明自家公司历经时间考验、信誉可靠，而且他深谙"广告轰炸"之道，整个版面广告信息46条，而礼查的公司"P.F. Richards & Co"发布刊登各类商业合作信息广告为9条，约占该版面篇幅20%。

上海开埠后，对外政治、经济、文化等交往活动日趋频繁，晚清的一篇游记这么描述：自小东门吊桥外，迤北而西，延袤十余里，为番商租地，俗称为"夷场"。洋楼耸峙，高入云霄，八面窗棂，玻璃五色，铁栏铅瓦，玉扇铜环。其中街衢弄巷纵横交错，久于其地者亦易迷所向。取中华省会大镇之名，分识道里。街路甚宽广，可容三四马车并驰，地上用碎石铺平，虽久雨无泥淖之患。[12]

一批又一批来自西方的外交官、传教士、商人和旅游者等络绎不绝地涌入上海滩，造成了上海住宿接待设施需求的猛增，外国客轮大多停泊在外滩一带，但当时全上海尚无一家能满足外国上层人士需要的新型西式饭店。

从事贸易买卖的礼查，商业嗅觉敏锐，他看到旅馆设施的需求后，在靠近上海县城的洋泾浜南岸，开设了第一家西式旅馆，礼查饭店（Richards' Hotel and Restaurant）由此诞生。

这个靠近上海县城的洋泾浜南岸原建筑，已不复存在。上海人民出版社1958年出版的《上海小刀会起义史料汇编》中，有一幅上海小刀会起义战争的地图，显示礼查饭店旧址为现在的金陵东路外滩南侧与四川南路路口位置。

目前，证明礼查饭店始建于1846年的依据之一，来自英国人兰宁、库寿龄著的《上海史》："1846年12月22日（'道路码头委员会'）在礼查饭店举行了一次公众大会，由马根西先生主持，以下为决议的要点：租地人应当建造的道路，应在合理的时间内完成；由于其时众多的河浜'干沟'尚未填平，需要为维护道路和建造码头、桥梁的开支征税，当属显而易见；税额按照占有土地的亩数征收；一个三人公会被授权实施会议的要求；每年一月举行一次租地人一般会议，听取该公会的报告，选举新的公会，办理与土地财产有关的任何其他事务。"[13]

对这位礼查先生和家属的记载，我们也可在《北华捷报》第1卷第1号（即创刊号，1850年8月3日出版），找到踪迹：英国领事馆公布了1850年的上海外侨名单，其中可以寻觅到Peter Felix Richards的名字，其职业写为Store-Keerper（百货商店业主），商号名称也就是其姓氏。

（二）
亨利·史密斯
1858年接盘礼查饭店

1857年，威尔斯木桥（外白渡桥的前身）建成后，苏州河北岸便具有了很大的开发价值。但当时那里只有渔民在晒网，是一片农田、湿地，芦苇丛生，而那时的外滩的地价也不像如今这样昂贵，礼查以极低价格买下了苏州河北岸、黄浦江边上的一块荒地，面积为22亩1分，准备建造旅馆。

从咸丰七年（1857）六月初八上海道台批准的出租地契（贰百拾肆号）上看到，根据"领事官罗照会"，"禀请在上海按和约所定界内租业户石姓等""吴淞江东黄浦江西"，"计八十四亩零分一厘六毫"之"地一段，永远租赁"的申请，以每亩1500文钱的年租，"前来准此，本道已饬业户，将该地租给该商"。

在多数人都醉心于"即时满足"的世界时，懂得"滞后满足"道理的人，早已先胜一筹。100多年前的外滩，很多幸运的商人，更是如此。不得不说，礼查这一招，赌对了。

美国基督教圣公会中国布道区主教文惠廉（William Jones Boone），1845年6月7日抵达上海时，苏州河北岸的虹口一带，还是一片田园风光，"其时，美国在虹口的租界中只有一条大街，就是百老汇路（今大名路），

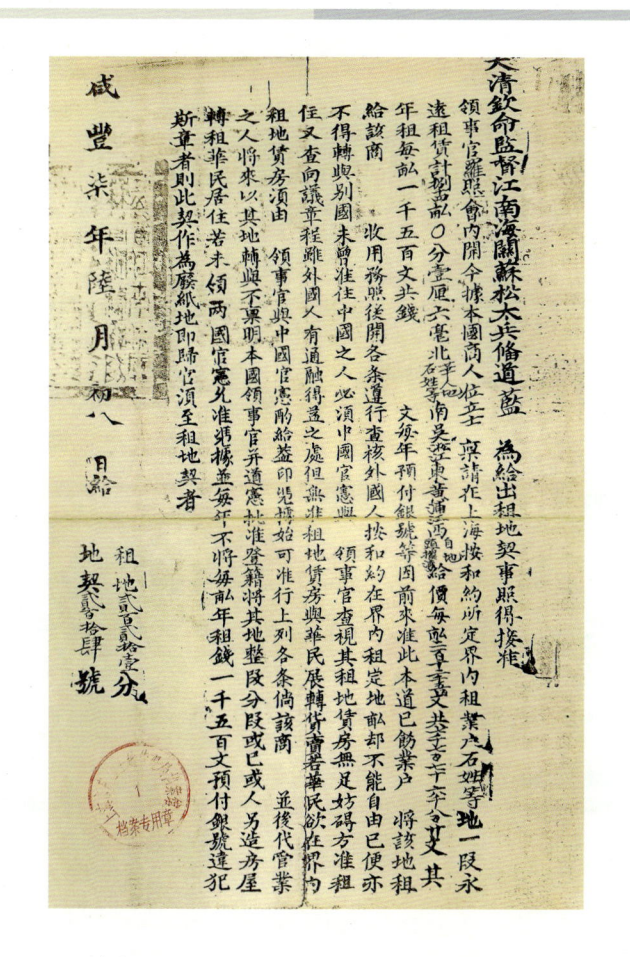

咸丰七年（1857）六月初八礼查饭店的道契

其余并未开发。这里的地势很低，所以每遇潮水高涨之时，百老汇路简直是一片汪洋，成了一条小河，两旁原已老旧的房屋都深浸在水中，十分不便，但一过苏州河则情形截然不同了，那英国租界是何等的清洁有序、何等的繁盛"。[14]随着1848年上海地方官满足美国圣公会传教士的要求，在虹口开辟美国租界后，苏州河北岸一带

Astor House, Deutsche Kirche u. D...

No. 254. Max Nössler & Co., Shanghai, 38 Nanking R...

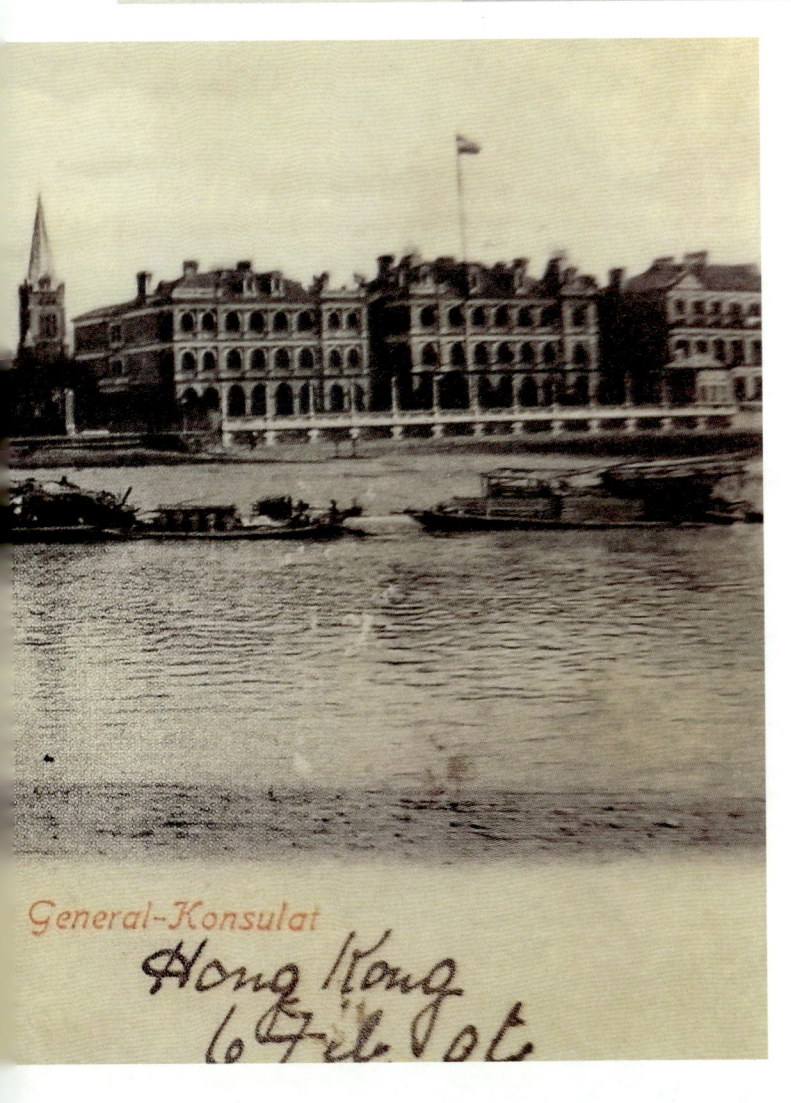

约为19世纪50年代的苏州河图景。从左至右依次为早年的摆渡桥、礼查饭店,中为建于1890年的德国教堂,右为德国驻沪总领事馆

第一章　　　　　　　　　　　上海第一家西式旅馆　　　15

No. 229. Max Nössler & Co., Shanghai, 38 Nanking Road.

Shanghai Garden-Bridge

1904年自上海寄出的明信片。明信片中为工部局1873年造的木桥（外白渡桥的前身）

居住人口逐渐增加，土地价格也一直在涨。所以，礼查这笔土地投资，回报丰厚。

上海公共租界的房地产分布，体现了由东向西递减的市场经济规律。土地估值一般参照该地块与市中心的远近、交通状况、与相邻地块的平衡等因素。

例如在1854年8月21日的工部局董事会上，便通过决议：西人租用的土地按照距离黄浦江的远近，确定土地估价的一定比率。[15]礼查那时的选择，是符合城市房地产经济规律的。

1855年4月，因船舶投资引发经济诉讼纠纷，礼查不得不抵押礼查饭店；1856年1月，距离礼查被宣布破产的四个月前，由于船舶投资意外，他财务状况陷入危机，启程前往纽约，以寻找合作伙伴。那次旅行中，他参观了纽约阿斯特楼，被楼内酒店的摩登所震撼，借鉴并以此为灵感将礼查饭店"Richards' Hotel and Restaurant"更名为"Astor House Hotel"，实际与阿斯特家族并无关系。1856年5月15日，英国领事馆法庭宣布礼查破产，他的资产一并交由他的债权人威廉（William Herbert Vacher）和韦尔斯（Charles Wills）暂时保管，韦尔斯正是韦尔斯桥的建造者；1857年8月1日，英国驻上海领事宣布，经债权人同意，礼查破产案被撤销，经他的债权人许可解除其财产质押。[16]

1858年，当过船长的亨利·史密斯（Henry W.Smith）从礼查先生手中转买下这临江地块，着手建造旅馆。兰宁《上海史》中写道："差不多可以确认，礼查饭店在1858年被礼查出售给一位史密斯先生时，仍然是一栋老式商行类型的普通寓所，直到70年代也没有实质性的改变。"[17]

19世纪80年代的礼查饭店(浦江饭店提供)

19世纪末的礼查饭店(《虹口1843—1949》)

三、移址苏州河畔

（一）
1860年，礼查饭店移址苏州河畔

英国一个议会议员，叫约翰·伯恩斯，他有些大言不惭地说："圣路易斯河是水，密西西比河是泥浆，而泰晤士河是流动的历史。"他的意思，他们的泰晤士河道流经之处，可见诸多英国历史建物，如伦敦塔、国会大厦等。它们是英国证人，默默屹立于河道两侧，见证着这"流动的历史"。

1860年，上海外滩苏州河出现一栋建筑后，上海的苏州河，也开始真正成为"一条流动的历史"。这栋建筑，是一幢东印度风格的二层楼外廊式西式饭店——它外观冷峻，骨子里透出一股英式的秩序感，出现在上海苏州河北岸，它就是亨利·史密斯接手的礼查饭店。

从建筑样式来说，礼查饭店等这些最早的、落户上海的西式建筑，极少经过正规建筑师设计。一般都由外侨自主绘图，就地取材，并采用中国传统的建筑技术，由中国工匠加以修改。一位传教士这样描述当时的窘境："1850年4月1日，为筹建新堂，已劳烦数月，因本地工匠不谙西式建筑，须亲自规画。我等来华，非为营造事业也，因情势不得不然，遂凭记忆之力，草绘图样，鸠工仿照。"[18]

19世纪60年代，上海开埠才十多年，环境艰苦得很，许多地方是滩涂，所谓"卑湿之地，溪涧纵横，一至夏季，芦草丛生，田间丘墓累累"，还没有日后《洋场》那样豪横的描述：马龙车水日喧阗，到处笙歌醉绮筵。十里洋场成化外，情天孽海自年年。

如今见惯浦东陆家嘴"三件套"的读者，不可想象，在当时上海外滩附近，溪渠纵横，一旦水位较低，

水就变得像罗宋汤一样浓稠,大量蚊蝇便孳生其间。有的文章描述,很多侨民,在睡觉时不得不挂上蚊帐,罩住床铺。

那时,外国侨民对付大上海的蚊子,也是奇葩:让仆人不时往家人或宾客的脚踝上洒些煤油,说是蚊子一闻到这种怪味,就逃之夭夭。150多年后,有的市民对这个法子,充满怀疑,一直想尝试体验"脚踝上洒些煤油"到底能不能抵抗蚊子?可惜找不到煤油,只得作罢。

因此,1860年礼查饭店一问世,就是上海第一家近代化的西式旅馆,它专门接待外国旅客,给人感觉高大上,又洋气得很。除客房外,饭店还设有当时华人不多见的弹子房、酒吧、舞厅及扑克室等休闲娱乐设施。

为丰富旅客生活,饭店还常在楼下大厅里,安排"蹦擦擦"歌舞和戏剧演出,吸引了众多旅客,生意非常红火。

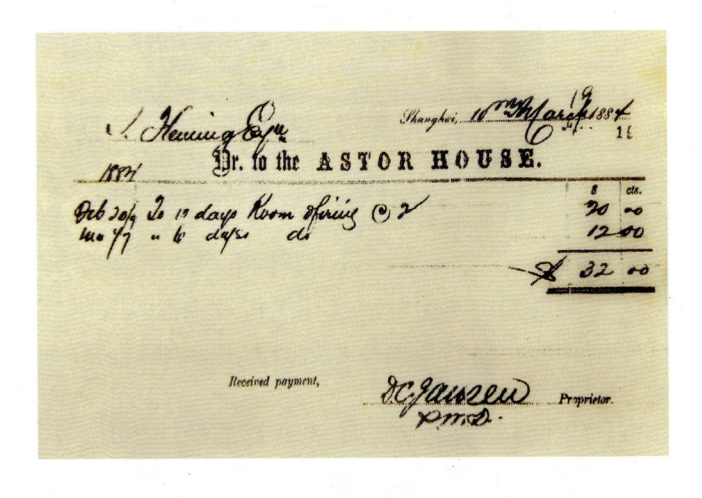

1884年礼查饭店的结账单(浦江饭店提供)

兰宁特地在《上海史》里记录了1860年的一个回忆片段：1860年3月3日，海员之家饭店（Seamen home）开张，200名英国和法国水手在这里坐着就餐。除了这家饭店和礼查饭店之外，我们还不知道有其他闻名的公众娱乐场所，只有唐纳德逊的隆兴饭店（Donaldson's Commercial House）是例外，1855年的圣徒约翰纪念日（ST.John's Day）公济联谊会（Masonic Fraternity）在这家饭店举行了宴会。

从刘耿大、吴怀祥《上海近代对外开放的一个典型窗口——"华夏第一店"礼查饭店考论》来看，19世纪中后期的在华外商投资饭店，顺序依次为1863年的天津利顺德大饭店（英文名同为Astor House Hotel）、1875年上海汇中饭店（Palace Hotel，即现在上海斯沃琪和平饭店艺术中心）、1891年北京饭店（Hotel de Peking）等。显而易见，就品牌起源而言，礼查饭店都要早于这些历史名店，无愧于"第一店"之称号。

（二）

1882年，礼查饭店首燃电灯

1882年，英商投资创办了中国第一家发电公司——上海市电光公司，当时仅有一台小型发电机，开始在百老汇路（今大名路）沿街竖电杆。是年7月26日，该公司在南京路江西路西北转角处竖起上海第一根弧光灯杆，用一台16马力蒸汽引擎发电机为其供电。

从《申报》新闻记录来看，上海社会公众是非常重视"燃灯"的，把礼查饭店列为首批使用地标而广为传播的。

1882年6月27日，也是正式亮灯前的一个月，《申报》就提前做了新闻"预热"：

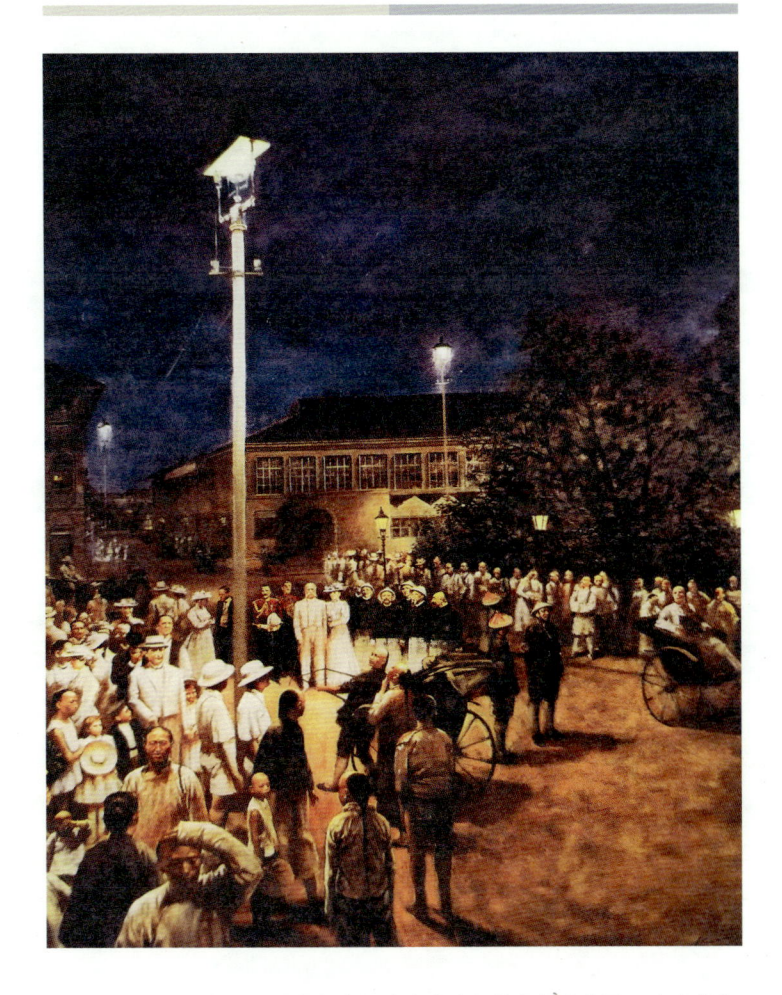

礼查饭店周边点亮电灯的场景（油画 王申生绘）

拟试电灯

前报述本埠电灯公司请于工部局，拟在公家花园之亭上试燃电灯。兹悉亭上之灯业在动工具灯，铁丝为胎，而外罩玻璃。并闻招商局码头暨礼查客寓及大马路美记钟表行西首皆须各装一灯，大约下礼拜可以试燃矣。

白炽电灯发明以前，电灯主要是弧光灯，其光线闪耀强烈，适用于道路照明。图为外白渡桥上安装的弧光照明灯，摄于20世纪初（《虹口1843—1949》）

    1882年7月26日和27日，《申报》分别就礼查饭店"试燃电灯"做报道。其中，26日的《申报》里，细致写到了上海首批点亮15盏电灯的地点和数量配额，标注了分配到礼查饭店的电灯数为"4盏"，文字如下："有十五盏：虹口招商局码头四盏，礼查客寓左近四盏，公家花园内外共三盏，美记钟表行门前一盏，福利洋行门前一盏，该公司门内外共两盏。"

    从上海城市发展的意义来看，礼查饭店及其周边"试燃电灯"，是城市公共消费空间的一个里程碑。电灯

1875年在外滩花园北望苏州河北岸虹口。左侧隐约可见木质的外白渡桥，桥右（东）依次为礼查饭店、最早的德国领事馆、美国领事馆、日本领事馆。当时上海水位较低，沿河不建堤岸（《虹口1843—1949》）

出现后，结束了昼夜分明的自然时间节奏，拉长了商业消费这个时间情境，"无秉烛之劳，有观灯之乐"，[19] "夜间电灯照耀街衢，几如白昼。偶有沪上者，见此洋场景象不觉目眩心迷。每作别有天地、非人间之想"[20]。

不仅是首燃电灯，随着礼查饭店的开张营业，更是带动了上海租界旅馆业、娱乐业的发展。

1894年3月，西方傀儡戏在礼查饭店戏院内开演，《申报》称赞其表演"真有鬼斧神工之妙，几乎前无古人后无来者"[21]。

1897年5月22日晚上9点，哈利·韦尔比·库克用爱迪生公司的电影机Animatoscope在外白渡桥北首的礼查饭店放映了20条电影短片，这是有确凿证据证明的上海的第一次电影放映活动。此次电影放映活动是面向上海的外国侨民的。[22]

这次电影的放映，是上海城市娱乐之大事，当天《字林西报》刊登信息广告时，在主标题之前还加了两行较小字体的副标题"隆重开演之夜！就在今天晚上！"（GRAND OPENING NIGHT!TONIGHT!）。广告全文如下："（爱迪生电影机）Animatoscope将于22日星期六晚上在礼查饭店向公众展示。（这是）19世纪的奇迹，风行于伦敦、巴黎、纽约、悉尼等地。（这也是）爱迪生的最新电影机首次进入中国。Animatoscope复制日常生活场景逼真无误，观看时定以为是正在发生的事件。届时你将看到：惊涛拍岸、英国阅兵、蛇形舞蹈、沙皇游巴黎、海德公园骑单车、威尼斯贡多拉等等奇观。有乐队现场伴奏。晚间8:30开始入场，9:00正式开演。票价一元，提前预定一元五角。入场券布鲁厄公司有售，或在入口处购买。销售经理 哈利·韦尔比·库克谨启上海，1897年5月22日。"[23]

1899年6月2日，西洋人在礼查饭店戏园内，陈设蜡人，以供玩赏。蜡人"姿态如生，惟妙惟肖"。[24]

1901年，上海第一本电话名簿《华洋德律风公司行名簿》中，礼查饭店电话号码为"二百号"。可见，礼查饭店，是上海最早使用现代电话的用户之一。

礼查饭店能够成为上海最早使用现代电话的用户之一，说明那时的大饭店，不是一般的住宿服务业，而是为当时政府特别倚重的高级社交中心，它是住宿+娱乐+创业+社交+情报中心等多功能业态的合体。

1901年9月14日，礼查饭店率先在上海刊登了"招聘启事"，标注应聘成功的"西崽"每月薪水在"十五到二十元"，也点明了应聘的"门槛"："须有殷实人担保"。这是近代上海饭店业的第一个招聘广告。

（三）

1903年，礼查饭店新建中楼

1903年闰五月，英商为使礼查饭店扩大经营，业广

百老汇路边的礼查饭店，年代约为19世纪60年代

1901年9月14日，《新闻报》发布礼查饭店人才招聘广告

1901年《华洋德律风公司行名簿》显示，礼查饭店电话号码为二百号

1908年6月10日，巴黎戏电在礼查饭店花园内举办。新闻里，礼查饭店特标注地址在"外白渡桥北堍"。这则广告，在《新闻报》连续刊登了3天

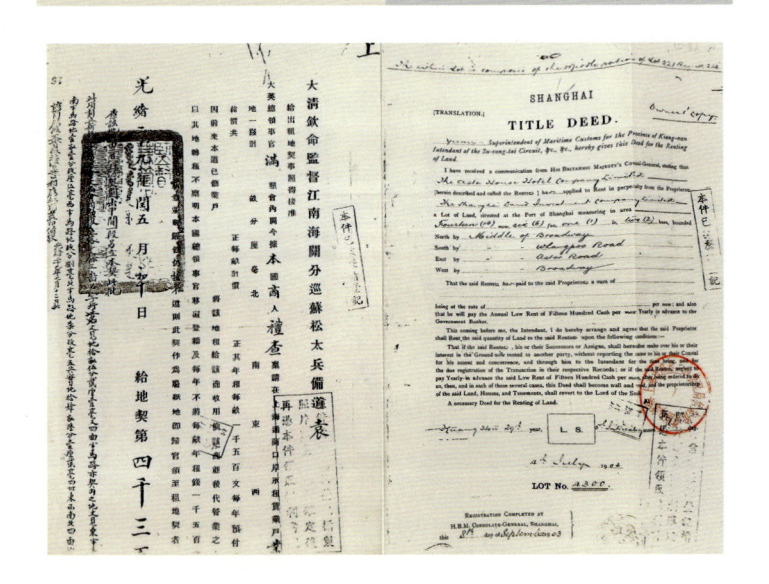

1903年闰五月十日的礼查饭店道契

地产公司把所租地划出14.6亩转与礼查饭店。礼查饭店于老楼后，造了一幢五层砖木结构大楼，建筑面积约8100平方米。

这个中楼，今天还在。多年来，随着外滩上空日光一寸一寸地移动，这栋中楼的建筑肌理，也在日光阴影里渐变，产生水墨般的效果，在建筑与光影的共谋下，一个海上旧梦，弥漫于烟火气的尘埃里。

鉴于历史诸多原因，这栋中楼还有多个未解之谜待后人去探索。

注 释

1. 起源1846年的礼查饭店，1959年改名为浦江饭店。2018年1月1日起，浦江饭店翻牌改造为中国证券博物馆。
2. 熊月之主编，马学强著：《上海通史 第二卷 古代》，上海人民出版社1999年版，第354—358页。
3. 伍江编著：《上海百年建筑史1840—1949》，同济大学出版社1997年版，第5页。
4. 汤志钧主编：《近代上海大事记》，上海辞书出版社1989年版，第13页。
5. 熊月之、高俊：《上海的英国文化地图》，上海锦绣文章出版社2011年版，第3页。
6. 蒯世勋：《上海公共租界史稿》，上海人民出版社1984年版。
7. 【美】郎格等：《上海故事》，生活·读书·新知三联书店2017年版，第2页。
8. 汪中：《上海金融中心之钱庄（二续）》，《钱业月报》1934年第3期。
9. 上海历史研究所编：《近代上海大事记》，上海辞书出版社1989年版。
10. 《江苏巡抚孙善宝奏报办理上海开市情形折》(道光二十三年十一月初九日)，《鸦片战争档案史料》第7册，第370页。
11. 【美】马士：《中华帝国对外关系史》第1卷，生活·读书·新知三联书店1957年版，第401、402页。
12. 黄楙材：《沪游胜记》，清光绪年间沔阳李氏《铁香室丛刻》本，第1—2页。转引自熊月之：《上海租界与近代中国》，上海交通大学出版社2019年版，第121页。
13. 【英】兰宁、库寿龄著，朱宁译：《上海史》，上海书店出版社2020年版，第270页。
14. 【美】霍塞著，越裔译：《出卖上海滩》，上海书店出版社1999年版，第45页。
15. 上海市档案馆编：《工部局董事会会议录》（第1册），上海古籍出版社2001年版，第571页。
16. 李晓亲：《远东第一奢华酒店传奇｜礼查"浦江"饭店(Astor House Hotel)的前世今生之第二乐章》，微信公众号"小克勒的印象上海"。
17. 【英】兰宁、库寿龄著，朱宁译：《上海史》，上海书店出版社2020年版，第402页。
18. 何重建：《东南之都会》，上海建筑施工志编委会编写办公室：《东方"巴黎"：近代上海建筑史话》，上海文化出版社1991年，第27页。
19. 《电灯可以广行说》，《申报》1882年8月12日。
20. 《沪上开眼界说》，《新闻报》1898年7月28日。
21. 《申报》1894年3月28日。
22. 杨击：《电影初到上海再考》，《新闻大学》2014年4期。
23. 《字林西报》1897年5月22日。
24. 《申报》1899年6月2日。

ASTOR HOUSE

浦 江 饭 店

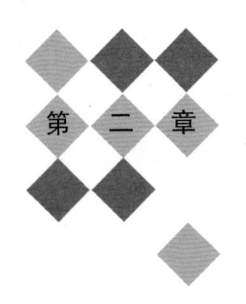

第二章 礼查饭店在动迁中新生

一、因建桥而动迁

上海有一座桥，在茅盾的小说《子夜》里，占据头部最佳位置：

> 苏州河的浊水幻成了金绿色，轻轻地，悄悄地，向西流去……暮霭挟着薄雾笼罩了外白渡桥的高耸的钢架，电车驶过时，这钢架下横空架挂的电车线时时爆发出几朵碧绿的火花……

它就是上海滩的钢铁大桥——外白渡桥。
外白渡桥，大上海特别的视觉符号。
在外滩摄影爱好者眼里，外白渡桥和上海大厦、浦江饭店、上海邮政大楼，都是经典外滩视觉符号。
本来，那时礼查饭店生意很红火，我们可以从赖特的生动描述中得窥一二：

> 礼查饭店是中国最著名的旅馆。随着公共租界日趋繁荣，礼查饭店的重要性也逐步增强，直至目前名列远东主要饭店之列。饭店各部门均处于欧洲人

20 世纪 30 年代的外白渡桥和礼查饭店

浦江饭店
ASTOR HOUSE

礼查饭店在动迁中新生

的特别监督之下，为使客人过得舒适而竭尽所能。从饭店入口通向主客房部的是一条很长的玻璃拱廊。拱廊一侧是办公楼，饭店办事员和管理员在这儿迅速而亲切地满足顾客的一切需要；拱廊另一侧是一个装饰豪华的休息厅，隔壁是阅览室、吸烟室和起居室。餐厅能容纳500人，用数百个小型电灯泡照明，光线被镶嵌在四周墙壁上的大镜子反射到室内。当客人进餐时，乐队在廊台上演奏音乐。餐厅内灯火通明，气氛生动活泼。客房约有200间，每间客房都带有盥洗室。所有客房都是向外的，不是面向市区，就是面向黄浦江。客人搭乘电梯能轻松地到达入住的不同楼层。礼查饭店拥有自己的发电和冷冻设备，雇用254人。饭店管理的每一个细节都得到最精心的关照，所以，礼查饭店是值得认真推荐的下榻之地。[1]

可100多年前，外白渡桥改变了礼查饭店的建筑命运。

1906年，上海制造电器公司获准在上海建有轨电车，须铺设跨越苏州河的轨道，遂由工部局出面，责令礼查饭店让出部分土地，用于修建外白渡桥钢桥。礼查饭店获得一大笔"动迁"补偿款后，决定拆除旧房，另起高楼。

2011年的外白渡桥、浦江饭店夜景（肖可霄摄）

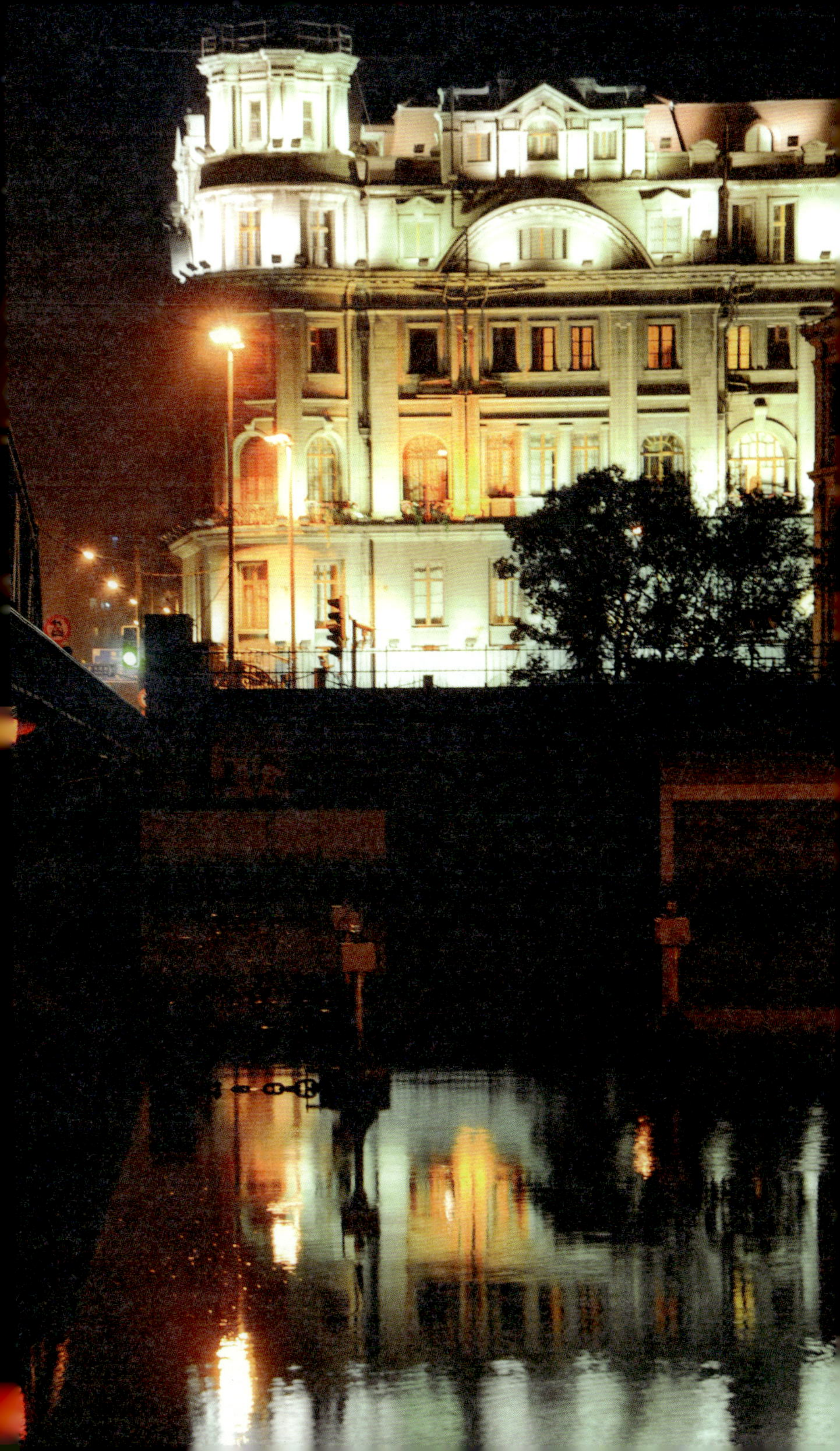

从木制的外白渡桥上看礼查饭店,约摄于 1900 年前后

1907 年,木制的外白渡桥改为钢铁大桥

外白渡桥1907年建成后，使当时礼查饭店周边的交通更便利。同时南京路豪华大饭店汇中饭店（现在的上海斯沃琪和平饭店艺术中心）已于1906年开建。两方面的因素使礼查饭店经营压力倍增。为此，礼查饭店将原来二层小楼拆除，并计划在原址约30米开外处（现在的黄浦路、大名路）建造起一幢五层砖木混合结构的楼房。

20世纪20年代的百老汇路（今大名路），南望为外白渡桥（《虹口1843—1949》）

1914年的礼查饭店，左边为外白渡桥（浦江饭店提供）

二、应对新竞争

（一）
1910年礼查饭店（黄浦路楼、金山路楼）竣工

1908年11月，礼查饭店向工部局申请施工执照，由建筑设计师Chas.W.Thomas设计，拟建金山大楼（五层）、黄浦路楼（六层）及金山路楼（五层）。当时仅建设了二层的黄浦路楼和三层的金山路楼，为具有新古典主义维多利亚巴洛克式建筑。

1910年，礼查饭店（黄浦路楼、金山路楼）竣工。

从当时上海建筑营造条件来说，建造礼查饭店（金山大楼）这样的五层楼洋房，可谓大工程。可能是施工现场管理不当，多有建筑工人伤亡事件。查阅1909年和1910年的《申报》，发现礼查饭店的两个新闻，都和建筑营造有关：

> 木匠跌伤〇礼查饭店昨雇木匠朱金泵修理机器扶梯。朱忽失足坠下，跌伤头颅。由店主投报捕房，饬送同仁医院医治。[2]

> 学徒跌毙〇黄浦路礼查饭店现正造五层楼洋房。讵前日傍晚时，有泥水匠学徒周东先从高坠地，受伤甚重。当由巡捕车送同仁医院，旋即气绝。昨已由作主知照家属到院棺殓。[3]

综合档案资料和老图片可知，现存的礼查饭店建筑占地面积4204平方米，建筑面积16805平方米，地面至五层顶部女儿墙顶高24.2米，至六层气窗顶30.5米，为假六层(局部另设有半地下室)钢筋混凝土与砖木混合结构建筑。

新建的礼查饭店为英国新古典主义建筑风格，立面采用横向三段式处理手法。各层窗框分别采用半圆拱、弧形拱或平框。正立面中央主入口处装有铁架大雨蓬，其上部三、四层装饰有贯通的塔司干柱式。五层窗框上装饰三个大弧形拱券。六层为阁楼层，有老虎窗和气

1910年新建中的礼查饭店（浦江饭店提供）

窗,因被五层顶部女儿墙遮挡,距离稍近不易发现。西南转角处屋顶上建塔楼一座,原有穹顶已不存。整个建筑凹凸面多,进深大,故室内自然采光较差。建成后饭店设客房200多套,另设有吸烟室、弹子房、舞场、扑克室、酒吧间等,当初专为外国人服务。[4]

礼查饭店(黄浦路楼),由英商新瑞和洋行设计,周瑞记营造厂施工,建于1908年,混合结构,共6层,高度为30.8米,建筑面积6822平方米。主建筑坐北朝南,底层饰券式门窗,二楼以上有挑出式阳台,三楼、四楼间贯以立柱。

仔细端详老照片,再细细对照如今的黄浦路楼,笔者猜想这位建筑师Thomas在设计这栋建筑之初,会很焦虑。为什么?因为业主的焦虑。

那个时代,犹如百货业的永安与先施,汽水行业的

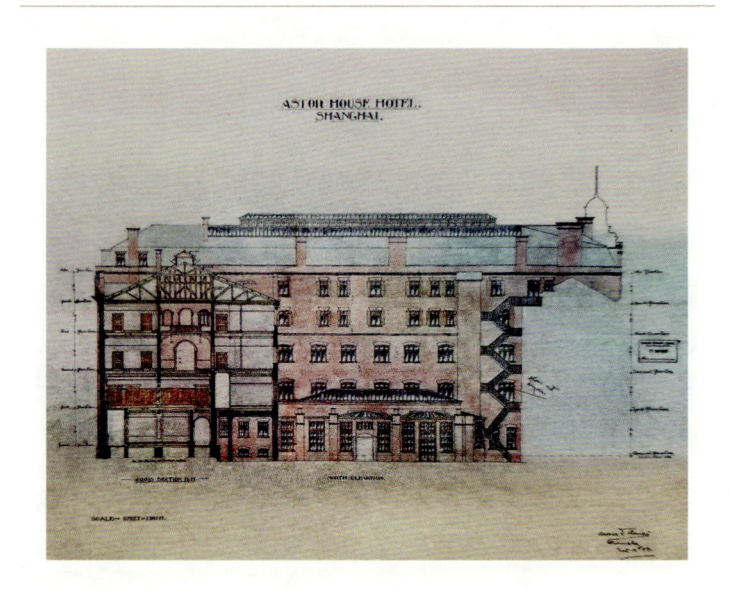

1908年新建礼查饭店的北立面设计图

可口可乐与百事可乐，礼查饭店最大的对手——外滩南京路的豪华饭店汇中饭店，已在1906年开建。汇中饭店那栋文艺复兴样式的、外墙用白色清水砖砌成并镶以红砖做腰线的六层建筑，据说还要安装全上海最早的时髦玩意——电梯。最厉害的是，汇中饭店的餐饮，"因为汇中饭店拥有自己的奶牛场，所以新鲜和纯粹的牛奶的供应就有了保证"。[5]而且汇中饭店处于公共租界黄金地段。高颜值、高科技、好地段，这个强劲的竞争对手一定让礼查饭店的业主，好多天睡不着觉。

（二）
建筑设计师的秘密

建筑设计师的世界没有"容易"二字，他们在接到业主需求时候，除了"预算"这个核心外，一边要多想一步：其背后的逻辑是什么？业主想传达的本质是什么？一边还要尽可能搜集更多的信息，以便决策。

果然，建筑师Thomas打听到一个大秘密！是关于承建汇中饭店的王发记营造厂大老板王松云的。

王松云，就是建造哈同爱俪园（即哈同花园）的营造商。清末，王松云作为能工巧匠已享誉江南，还曾奉召进京修缮皇宫，因技艺出众，获赐故宫藏宝——唐寅与郑板桥书画各一幅。但就是这个王松云，还是对上海临江的松软地基估计不足，他在开工建造靠近黄浦江的汇中饭店时，地基发生倾斜，他急忙请教营造界的"老法师"杨斯盛。幸好，杨斯盛在上海软土地基施工方面已积累丰富经验，最终有惊无险地解决了问题。

知晓这个秘密后，Thomas神经绷得紧紧的，他该怎样设计这栋临近苏州河、地基同样松软的建筑呢？

Thomas首先避开了建筑高度这个思维定式，先赋予礼查饭店"广度"——新古典主义这个沉稳、自信的形制风格，让这栋大楼舒缓地在苏州河畔平铺开。一方面，这能减轻甚至避免地基不均匀沉降；另一方面，设计师用繁复的大弧形拱窗及成排的爱奥尼立柱等考究的装饰细节，成功地让这栋华丽的建筑成了外滩的一个巨大符号。

Thomas仿佛借着礼查饭店这个略带租界自有的、混合风格的建筑媒介，再次提醒紧邻黄浦路边的美国、德国、日本等十余个国家的领事馆和广大外国侨民：在上海，我们的财富奇迹还将继续！

例如1893年11月17日，为庆祝上海开埠五十周年，北京路外滩拉开的英文横幅，就豪横地写着："世界上有哪一个地方不知道上海？"

与Thomas设计的这栋建筑相呼应：彼时，上海租界这块"飞地"，流淌着牛奶、蜂蜜与黄金的地方，地价像一个惊悚的、垂直向上的火箭，持续诡异地升腾着。

当然，业主的身份和爱好，建筑师还是要照顾的。因礼查饭店的多任经理大都有过做船长的经历，所以该饭店的许多设施都仿照船上式样，如饭店的走廊，就像是客轮上通向睡舱的通道。

（三）
礼查饭店是上海最早商业"综合体"之一

那个年代的上海，通往巨富的帝国巨轮，正冒着黑烟起航，沙逊哈同们，正向房地产这条赛道，蹒跚走来。

时代繁荣的长袍下却藏着无数的虱子。它们，渺小，灵活，生命力惊人，爬满于礼查饭店铁铸框架的大雨篷上、爱奥尼克的华美立柱上、深褐色的柚木护墙板上。

19世纪70年代后，租界的现代都市辐射效应不断显现，大量江浙富商子弟、退职官员、破产的手工业者、仕途不通的文人士绅将上海视为乐土，移居来此。1882至1891年上海的《海关十年报告》这样说道：

浦江饭店过道（肖可霄摄）

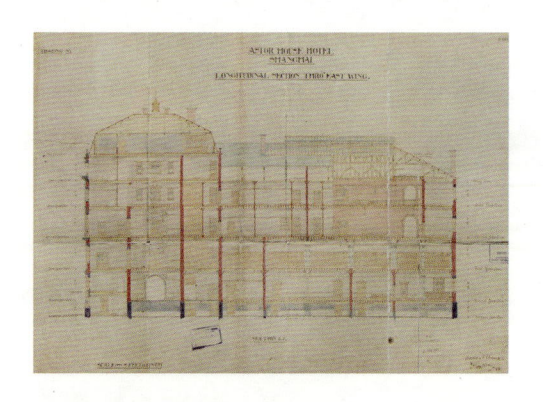

1908年的建筑图纸——礼查饭店东翼纵向剖面图（浦江饭店提供）

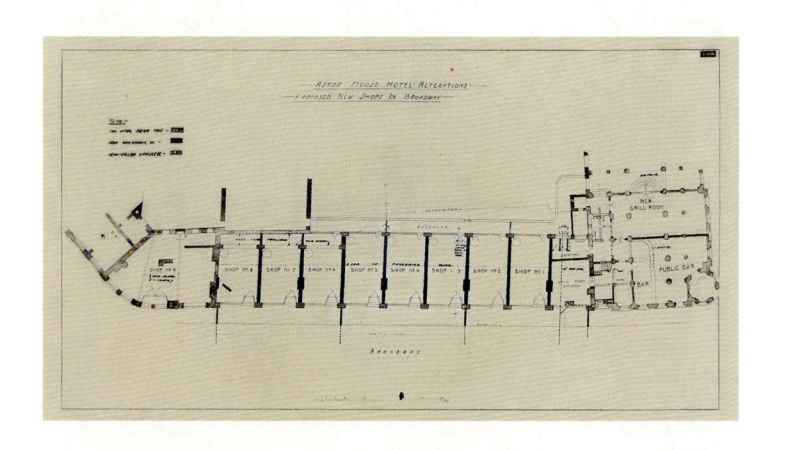

1917年礼查饭店商铺（商店）平面图（浦江饭店提供）

中国人有涌入上海租界的趋向。这里房租之贵和捐税之重超过中国的多数城市，但是由于人身和财产更为安全，生活较为舒适，有较多的娱乐设施，又处于交通运输的中心位置，许多退休和待职的官员现在在这里住家,还有许多富商也在这里,其结果是中国人占有了收入最好的地产。[6]

礼查饭店是上海最早的商业"综合体"之一。早在1914年,礼查饭店就用"饭店+商铺"这个组合达到引流,实现最大消费转化。

1914年,礼查饭店的业主,安排建筑师LAFUENTE & WOOTTEN、营造商"H.E ARNHOLD ENGINEERS REINFORCED CONCRETE DIVISON",建造单层大名路楼(原百老汇路上),用途为商铺。

礼查饭店为什么要在1914年兴建商铺呢?

探究下来,主要有两个原因。

其一,地段。

1863年9月,英、美两租界正式合并为公共租界。当时,礼查饭店便处在公共租界中。20世纪初,上海租界特有的"缝隙效应",尤其是礼查饭店所在虹口地区,"人口异质化、文化商业化,世俗化程度加大"[7],已成为全市人力车行和私营汽车运输行开设最密集地区之一。百老汇路(今大名路)、熙华德路(今长治路)、吴淞路、北四川路(今四川北路)等主干道已形成。电车、公共汽车、轮渡已通车开航,并开设出租汽车经营点,运输物流通畅,人气又旺,这是礼查饭店当年兴建商铺的动力之一。

其二,地价。

正因为越来越多的本地人和各国侨民,生活于斯,创业于斯,礼查饭店所在的虹口区租界地价,正在火箭般升腾。

根据钱宗灏、刘存钢《上海北外滩早期的地价及其城市化特征》,上海美租界建立初期,地价真心不便宜(相对于英租界而言)。该文以清咸丰朝(1851—1861)经上海道署签批发放的73份道契作为统计材料,从中解读出一些十分有趣的现象:

浦江饭店
ASTOR HOUSE

从上海大厦远眺浦江饭店（肖可霄摄）

礼查饭店在动迁中新生

20 世纪 20 年代的礼查饭店（浦江饭店提供）

1912 年礼查饭店客房（浦江饭店提供）

这批道契表明，十一年间共有46位外国人（其中多数是美国人）"永租"了上海美租界范围内的土地554.193亩，交易码洋115731.95银元，平均每亩地价是208.83银元。初看这十一年内土地的转手量也不算多，但要指出的是，我们现在尚能查到的这73份道契不包括另外已亡佚的35份道契中记录的数据。如果以再增加约三分之一数量计算，结果大约

可达到800多亩。这一数量已非常接近上海英租界建立时的占地面积830亩，即今北京东路、中山东一路、延安东路及河南中路围合区域内土地数量。[8]

当然，还有一个重要原因，如同现代高铁对我们交通版图的重塑意义一样，上海第一座钢铁大桥外白渡桥，自1907年开通以来，对上海苏州河两岸特别是虹口地区经济发展，起到关键作用。

大桥近在咫尺，对面的俄罗斯领事馆，尚未建成，礼查饭店有地段之优，又视野一流，能一览黄浦秋涛、野渡兼葭之妙，能成为上海最早的商业"综合体"之一，也就不奇怪了。

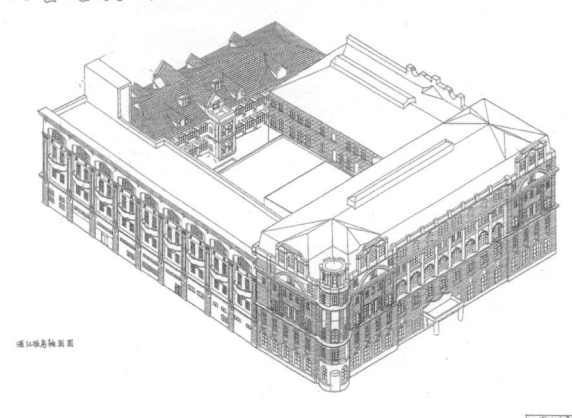

浦江饭店建筑测绘

礼查饭店总体建筑（浦江饭店提供）

礼查饭店旧址铭牌（楼定和摄）

2010年的浦江饭店外观（肖可霄摄）

礼查饭店在动迁中新生

三、礼查饭店增建新的大厅

（一）
号称远东第一交谊舞厅

跳舞最早在上海，是不受华人待见的。由于肢体的亲近，跳舞在文化上与传统的"男女大防"观念不符，大众媒介在与之相关的表述上并不一致。《申报》对这种"无端跳舞双携手，履鞋居然一处飞"的男女交际跳

舞,表示了不理解和不认同。[9]1898年有人投书《格致新报》询问:"西国男女,每于夜间会聚一处,跳舞为乐,殊属陋习……"报馆则明确回应:"西人光明磊落,脱略为怀,虽男女聚会跳舞,乐而不淫,与中国之烧香赛会,男女混杂,大有天渊之别。"[10]

礼查饭店的舞会,为上海城市的娱乐普及和传播,起到重要的催化作用,其孔雀厅,更是富有传奇色彩。

1917年11月,礼查饭店委托建筑公司"来和事务所(Lai-Wo Studio)",在其内部改建一座舞厅。工部局查

礼查饭店孔雀厅内景(《虹口1843—1949》)

验后发现，该舞厅不仅外部没有太平梯，内部也没有消防龙头。为了不影响营业，工部局安排救火队员到现场采取过暂时性的安全措施。此后，工部局又不断要求舞厅方面进行整改，先是提出将新建的砖结构楼梯拆掉，改建成装有扶手栏杆的钢筋水泥扶梯，继而又要求增加一处防火梯，并将楼梯从封闭式改为敞开式，此外还规定该舞厅的最大容量不得超过350人。经过前后近一年的交涉，此事才告圆满解决。[11]

1920年，礼查饭店在原基础上增建底层大厅。

1922年年底，礼查饭店底层大厅孔雀厅做改建。

1923年7月5日，《申报》特地记录了"礼查饭店添购新地基"一事："礼查饭店，为英人克腊氏所经理，开办以来，营业日旺，现又将喀利新康及麦边花园原址等购进，作为扩充营业之用。定于本年阳历十月份交割，麦边花园现正大加修葺，约在九日中即可工竣开幕云。"

1923年12月，汇中有限公司将礼查饭店本契全地转让香港上海大酒店有限公司（如今的半岛酒店集团）租用。而后，12月22日，礼查饭店孔雀厅新落成。改建后的孔雀厅，宏大宽敞，可容500人左右。《申报》报道："礼查饭店之新跳舞厅，于上星期六晚行落成礼，来宾到者四百余人。建筑极其壮丽，音乐台为一孔雀尾式云。"

1926年，一位叫"啼燕"的记者，出席上海百代公司在礼查饭店二楼新闻招待会，他如此盛赞礼查饭店孔雀厅：

> 礼查饭店位于白渡桥之北。洋楼高耸，常日惟碧眼儿出入其间。记者索昧交际。此次之临礼查，乃系破题儿也。楼上建筑乔丽，窗饰屋顶多彩绫雕琢。而楼梯又铺以广袤之地衣，衣为绒质色浅碧，绣以紫花。履履其上，软柔无声。楼板又平滑无艺。正中为舞厅，范以小铜之拦。中砌作梵亚铃形。厅壁作穹圆

2011年的浦江饭店孔雀厅（肖可霄摄）

1936年12月29日《大陆报》的礼查饭店跳舞厅广告

式,鬃色为深翠,远望之犹如孔雀之开屏。隔室乐声铮钬。依稀见胡男女相搂舞蹈。我侪载食载听。真有世外桃源之概况。

得体的建筑,应该是历史与现实、建筑与环境、建筑与人物之间建立的一种亲切的对话。尤其是当时间的喧嚣退潮时,更能显现建筑内在的人性幽微之火,并产生修辞般的效果。

如今的孔雀厅,面积约500平方米,天花挑高约10米,12根保存完好的大理石罗马壁柱,支撑起孔雀厅弧形内弯顶的半透明彩色玻璃天棚,日光可透过一只开屏孔雀尾巴的图案投射进来,令大厅内充满戏剧般的光影。

漫步孔雀厅,分布在四周与楼上包厢的扶栏,抬头可见诸多扇形景观包房,视觉上,给人恢弘大气、传奇不凡的感觉。脚下的大型弧状拼花地板,由弯曲细木手工拼接而成,有很好的弹性和支撑性,是跳舞妙地。在这个西式空间,流传于欧洲公共舞厅的舞蹈——英国的快步舞、布鲁斯舞,美国的狐步舞、波斯顿华尔兹舞,

1936 年 11 月 28 日《新闻报》的礼查饭店跳舞厅开幕广告

1934 年 3 月 30 日《新闻报》的礼查饭店茶舞大会广告

1931 年 3 月 17 日《新闻报》的礼查饭店跳舞厅广告

曾一曲曲生动演绎。

与上海别处舞会不同，礼查饭店早期的交际茶舞会，概不对外兜售舞票，且只宴请活跃于政商各界的洋人，连在里面端茶奉水的侍应都是从白俄流亡至此的贵族豪绅，可谓架子搭足。礼查饭店跳舞厅由此号称远东第一交谊舞厅。

（二）
孔雀厅设计师拉富恩特

说到孔雀厅，就不得不说到当时上海建筑专业人士中唯一正式注册的西班牙建筑师——拉富恩特（Lafuente）。

从杭州师范大学美术学院陈冀峻教授为本书提供的一手资料来看，拉富恩特其实前后两次参与了浦江饭店（礼查饭店）的设计：

第一次是在1917年以来和事务所的名义，与其合伙人G. Wootten一起完成了礼查饭店扩建舞厅的建筑改造工作。扩建后舞厅有95英尺×70英尺见方，这次改造，使得礼查饭店得以在很长时间内获得足够的场地优势来举办上海上流社会的盛大舞会或晚会。

第二次是1923年，香港上海大酒店有限公司在并购控股礼查饭店后，力邀拉富恩特为礼查酒店再次改造餐厅兼舞厅，也就是我们现在经常能够在图片上看到的，舞台上有类似孔雀羽毛造型的样式。

作为发起人，西班牙建筑师、知名学者阿尔瓦罗·莱昂纳多先生（Álvaro Leonardo Pérez），联合西班牙领事馆文化处及西班牙米盖尔·德·塞万提斯图书馆，曾于2010年上海世博会西班牙展览馆塞万提斯文化周活动中，合作开展了"来丰遗留在上海的建筑每月巴士导览"活动[13]。值得一提的是，2011年12月是拉富恩特

拉富恩特设计的孔雀厅透视效果图

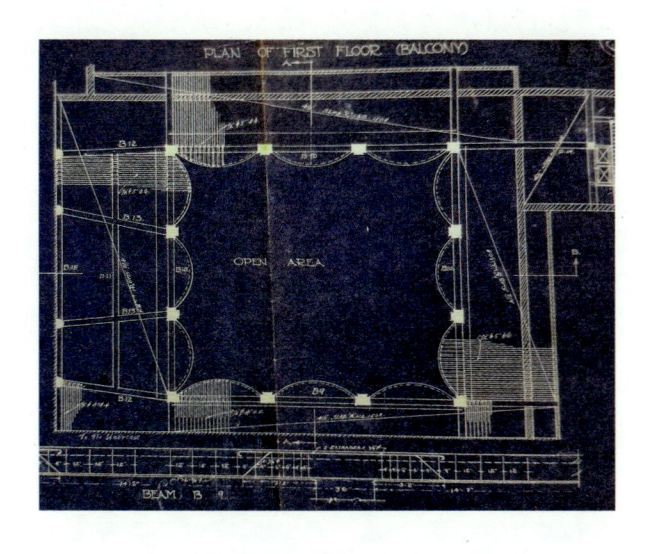

1923年改建礼查饭店孔雀厅的设计图局部

逝世八十周年纪念，阿尔瓦罗·莱昂纳多在上海中山东二路20号举办了"西班牙建筑师在上海"的图片展，将这位曾设计礼查饭店孔雀厅的、神秘的西班牙建筑师以及他在上海的足迹，用丰富的史料和图片展示给参观者。

在衡山集团浦江饭店总经理叶跃群先生、杭州师范大学陈冀峻教授、西班牙驻沪领事馆文化处吴安女士等帮助下，综合阿尔瓦罗·莱昂纳多先生给笔者的邮件和他的论文《Overnight at the Crossroads: Abelardo Lafuente's Architectural Legacy for 'The Hong Kong and Shanghai Hotels Ltd.' in Shanghai》（《在十字路口过夜：Abelardo Lafuente在上海的香港上海大酒店有限公司的建筑遗产》），笔者梳理出拉富恩特在上海的大致职业轨迹：

拉富恩特，1871年4月30日出生于西班牙马德里。其父在菲律宾马尼拉是一位市政建筑师。"拉富恩特是一个自学成才的建筑师，到目前为止，没有任何文件证明他在马德里或马尼拉大学学习过。他在建筑方面的广泛非正规培训和经验与他父亲作为马尼拉临时市政建筑师的职业生涯息息相关，一直持续到1900年父亲去世。"[14]

1913年，拉富恩特来到中国。他的足迹遍布上海、广州、香港等地，而他建筑的辉煌时期，则是在上海。他在上海静安寺路（今南京西路）设立了自己的工作室"来丰洋行"。在中国建筑界取得了一定的成就后，拉富恩特于1928年到美国创业，恰逢1929年世界金融危机经济大萧条，一年后便遭到破产，于是，他又重新回到了上海。

1931年12月3日，拉富恩特逝世于上海。

从1914年到1926年，拉富恩特主要服务于香港上海大酒店公司，而这家公司为犹太人嘉道理家族所有，拥有包括上海汇中饭店、大华饭店以及礼查饭店等著名豪华饭店。

为什么当时不知名的西班牙建筑师拉富恩特能得到犹太富商嘉道理家族的青睐？

西班牙学者和建筑师阿尔瓦罗·莱昂纳多先生给出的解释是：拉富恩特在菲律宾马尼拉生活时，与一些西班牙商界和宗教界人士建立了友谊，后者来上海发展事业时，自然会优先考虑年轻富有才华的拉富恩特。例如，拉富恩特与西班牙同胞、上海滩传奇人物安东尼奥·雷玛斯（Antonio Ramos）这位"上海影院大王"，关系密切。拉富恩特为他操刀设计了虹口大戏院（1998年，因海宁路拓宽工程需要，虹口大戏院被拆除），甚至拉富恩特还为雷玛斯在上海多伦路250号建造了一座"Mozarab"风格的住宅，这个带有阿拉伯风格的西班牙建筑，在雷玛斯离开后几经易主，抗战胜利后曾作为孔祥熙的寓所，也就是如今的"孔公馆"。

为拉富恩特打开通往犹太社区大门的第一个项目，是阿尔伯特·科恩的明星车库公司（1915年完工）的总部（现位于南京西路722号），这个项目引起埃利·嘉道理的关注。埃利·嘉道理，上海一位著名的犹太裔巨商，他的家族发源于19世纪的印度孟买。埃利·嘉道理在娶了一位有西班牙血统的犹太女人劳拉·摩卡塔（Laura Mocatta）后，决定与他的兄弟一起在香港和上海发展事业。[15]

1890年末，500港币发家的嘉道理，到英国寻找新机会，在那里结识了他人生最大的贵人：未来的岳父——F.摩卡塔先生，一位著名的、祖籍为西班牙塞法迪的犹太慈善家，他们家族前身为英格兰银行的硬币经纪人。在F.摩卡塔先生家，嘉道理认识了他女儿劳拉·摩卡塔小姐。1897年，嘉道理与劳拉成婚。婚后一周，嘉道理夫妇回到了香港，开始经营上海、香港等地的豪华酒店生意。如今上海延安西路贵都酒店对面的中福会少年宫（也叫大理石宫殿），就是嘉道理当年在上海的私邸。

嘉道理家族当时的诉求——寻求一位国际视野的、多元文化融合且值得信任的建筑师，能持续为旗下豪华大饭店设计打造出具有国际范的经典作品。拉富恩特本身的建筑天分和西班牙血缘，加之他又见识多广（拉富恩特经常去美国西海岸的现代建筑中找灵感），还有上海当时的商业环境等因素，可能是他得到嘉道理家族认可、两次操刀设计礼查饭店舞厅的重要原因。

当然，那个时代环境也很关键。20世纪二三十年代的上海，依托长江出海口的地理优势，一头连接着西方，一头连接着广大中国内陆城市，已经发展成为一个华洋杂处、东西碰撞的远东第一大城市，这为拉富恩特施展自身建筑才华提供了厚实的土壤。

1923年，拉富恩特在嘉道理家族邀请下，为外滩的礼查酒店再次改造餐厅兼舞厅。阿尔瓦罗·莱昂纳多认为：礼查饭店孔雀厅显示了拉富恩特的创造力，比如新颖的花卉图案，这是上海首次使用装饰艺术的前奏。他的设计摆脱了学术教条的束缚，这不仅体现在稍后将要探讨的结构上层，而且在中层的多段式拱券展示了大量源自当时盛行于欧洲的东方主义的图案，与那些源自学术几何学的主题完全相反。最后，在上层和中层引入的正式创新，令人印象深刻：下层展示了一种木质地板，以其弯曲的配置而著称。这个空间，完美地补充了当时在这个城市演奏的最好的爵士乐队的奢侈节奏，并继续吸引着人们的注意。[16]

从阿尔瓦罗·莱昂纳多的研究成果来看，1923年改造完毕的礼查饭店孔雀厅，当时的模样是："天花板上通常由不透明的半球形穹顶组成，（现在）变成了玻璃筒形穹顶，上面装饰着丰富的花卉图案。此外，拉富恩特还将酒店中央庭院的旧木甲板改造成玻璃甲板，让人联想到伦敦帕克斯顿公馆的一角。它在白天和晚上都有显著的发光效果。一个人工照明系统，让所有莅临的客人

原礼查饭店孔雀厅的柱子，有拉富恩特的签名

1923年礼查饭店孔雀厅（Lafuente家族档案，引自Álvaro Leonardo Pérez：*BUILT HERITAGE*，2019年3月）

都很愉悦，当他们在花冠下跳舞时，感觉就像在满月的灯光下跳舞。这种空气流通的感觉，与弯曲的木地板，相得益彰，给人以波浪的感觉。这些超长的木板被布置得让数百名舞蹈演员目眩不已，他们渴望体验由这些设计特征引发的真正的多感官体验。"[17]

笔者认同陈冀峻教授的观点，从时间轴上讲，拉富恩特在上海滩的奋斗时间，要比如今鼎鼎有名的建筑师邬达克（Hudec）早一些，拉富恩特后期作品已有了一些装饰艺术运动的特点。阿尔瓦罗·莱昂纳多甚至认为，在中国外国建筑师历史上，拉富恩特是一位值得肯定的杰出人物，他在这方面的地位与邬达克不相上下，他说："Hudec是少数受Lafuente艺术装饰风格影响的建筑师之一，他在前往欧洲和美国参观位于格拉纳达（西班牙）的阿罕布拉宫时绕道而行。"

(三)

孔雀厅：从舞厅、宴会厅、交易厅到展厅

大饭店时期的舞厅、宴会厅，到上海证券交易所的交易厅，再到如今中国证券博物馆的展厅。100多年来，礼查饭店的孔雀厅经历了一次次嬗变。

谈及上海交际舞会的发展，礼查饭店和它的孔雀厅，是绕不过去的话题。

1843年上海开埠后，欧风美雨吹拂而来，定居租界的西人为了延伸其在西方的生活方式，在闲暇时亦举办各种名目的舞会，如私家聚会或团体庆典等，交际舞便显身其间。根据一些零星的记载，租界内的第一次舞会举办于1850年11月，而1860年就有了外籍教师在沪教舞的先例。

1861年三四月间，率普鲁士王国舰队在沪访问的艾林波伯爵（Graf zu Eulenburg）在日记中曾多次谈到沪上西

侨的舞会活动。

1879年5月21日晚,公共租界当局在上海总会举行专场舞会,欢迎来沪访问的美国前总统格兰特(Ulysses S. Grant),共有200多人参与,从晚10时半开始,直至次日凌晨4时始告结束。

1887年2月,公共租界当局为庆祝英国维多利亚女王登基五十周年,亦举行了一次大型的庆祝舞会。

1889年3月4日晚,法租界公董局举行过一次慈善跳舞晚会。[19]

1897年,终于出现了由中国官员举办的第一次交际舞会,"这次舞会是中外交往史上划时代的事件,是中国妇女生活史上的划时代的事件"。是年11月4日(农历十月初十),新任上海道台蔡钧为谋中外亲善,以庆祝慈禧太后寿辰为名,在静安寺路洋务局行辕举行盛大跳舞会,"以西例敬礼西人",招待各国在沪显要,结果获得了"敦友谊、谙西例、重交涉"的赞誉。沪上的一些外文报刊对此均有报道,《时务报》《经世报》等中文报纸亦作了转载。[20]

礼查饭店的"舞会"元素,是那时代上海一个新闻热点。

1932年12月17日,礼查饭店孔雀厅内发生的一件大事,应载入中国医疗和慈善史。

这日,中华麻疯救济会(中国麻风防治协会的前身)假座礼查饭店孔雀厅,举办慈善跳舞大会,所售券资,悉为补助该会经费使用。

资料表明,那日莅临者,颇不寻常。中国银行家、实业家张嘉璈(张公权),近代著名医学教育家、公共卫生学家颜福庆,和在1910年扑灭东北肺鼠疫暴得大名的伍连德博士等在中国金融和医疗史上鼎鼎大名者,均携其眷属,翩翩莅临。

当晚有彩券出售,所有奖品,均为私人或公司所捐赠，共有二十个大奖，于即晚当众开彩。不同于"四奖为亨利洋服号之礼服一套""五奖为亨达利之金手表"，当晚在礼查饭店颁发的头奖，很文艺，简直令人意外，为"江一平夫人，亲笔所绘中堂一幅"。[21]

为什么江一平夫人的作品能作为礼查饭店这届慈善舞会的头奖呢？

原来，这个江一平，乃民国头号大律师，与杜月笙等大佬关系密切。江一平岳父，为民国时期上海商会会长、巨商虞洽卿，而虞洽卿之长女虞澹涵，即为江一平的夫人。那么虞澹涵的艺术功力如何？虞澹涵曾担任"中国女子书画会"主任，她加入女子书画会，是黄宾虹介绍的，还是著名画家汪声远入室弟子，工山水、梅花，擅诗文。1931年，杜月笙的浦东高桥"杜家祠堂"落成时，虞澹涵与江一平，订做了五千把扇子，作为赠杜贺礼。扇子一面，为江一平隶书《杜氏家祠颂》：武库雄才，芬扬京兆，瀛洲选首，凌烟图肖。作庙华国，以致其孝，穆穆长风，龙吟虎啸。另一面，则为虞澹涵手绘祠堂图。

礼查饭店孔雀厅休业后，上海舞男舞女竟然"深感不便，纷纷要求复业"，1936年12月的《申报》有这么一则新闻：

> 礼查饭店跳舞厅重振旗鼓
>
> 礼查饭店之跳舞厅，自休业后，各界士女，深感不便，纷纷要求复业，为惠答各界热诚起见，将内部完全刷新，富丽堂皇，美妙无比，每日下午五时一刻至七时半，举行茶舞，祇收门票五角，每星期六下午八时至二时，举行餐舞，晚餐每客四元，不进晚餐者，不另取费，闻自上月廿八号开幕后，极受各界欢迎云。[22]

礼查饭店"及时行乐到礼查"系列广告

《新闻报》1931年11月10日
《新闻报》1932年4月5日
《新闻报》1932年6月11日
《新闻报》1932年6月14日

浦江饭店
ASTOR HOUSE

浦江饭店曾经设想的孔雀厅改造效果图(浦江饭店提供)

2011年，孔雀厅成为浦江饭店自助餐厅（肖可霄摄）

以孔雀厅里孔雀为原型的浦江饭店系列纪念品（肖可霄摄）

注 释

1. 夏伯铭编译：《上海1908》，复旦大学出版社2011年版，第299—300页。
2. 《申报》1909年4月22日，第20版。
3. 《申报》1910年5月4日，第20版。
4. 上海城市建设档案馆编：《上海外滩建筑群》，上海锦绣文章出版社2017年版，第294页。
5. 夏伯铭编译：《上海1908》，复旦大学出版社2011年版，第301页。
6. 徐雪筠等译编：《上海近代社会经济发展概况(1882—1931)〈海关十所报告〉译编》，上海社会科学院出版社1985年版，第21页。
7. 熊月之：《上海租界与近代中国》，上海交通大学出版社2019年版，第164页。
8. 钱宗灏、刘存钢：《上海北外滩早期的地价及其城市化特征》，同济大学学报（社会科学版），2017年28卷第6期。
9. 马薇薇：《晚清上海娱乐观念的传播学研究》，中南大学出版社2016年版，第168页。
10. 《格致新报》1898年9月20日。
11. 马军：《舞厅·市政——上海百年娱乐生活的一页》，上海辞书出版社2011年版，第116页。上海市档案馆编：《工部局董事会会议录》第20册，第669、685、693、701页。"上海公共租界工部局总办关于礼查饭店跳舞厅救生梯问题与工务处长、火政处长等人的来往书信"，上海市档案馆馆藏号U1-2-1429。
12. 《申报》1926年8月9日。
13. 来丰，是Lafuente中文翻译的另一个说法，即拉富恩特。
14. 【西班牙】Álvaro Leonardo Pérez：*BUILT HERITAGE*，2019年3月。
15. 【西班牙】Álvaro Leonardo Pérez：*BUILT HERITAGE*，2019年3月。
16. 【西班牙】Álvaro Leonardo Pérez：*BUILT HERITAGE*，2019年3月。
17. 【西班牙】Álvaro Leonardo Pérez：*BUILT HERITAGE*，2019年3月。
18. 【西班牙】Álvaro Leonardo Pérez：*BUILT HERITAGE*，2019年3月。
19. 马军：《舞厅·市政——上海百年娱乐生活的一页》，上海辞书出版社2011年版，第29页。
20. 马军：《舞厅·市政——上海百年娱乐生活的一页》，上海辞书出版社2011年版，第31页。
21. 《申报》1932年12月18日。
22. 《申报》1936年12月3日。

ASTOR HOUSE

3

浦 江 饭 店

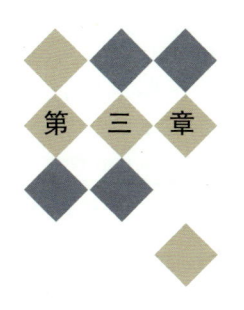

第三章 战火波及与饭店衰落

一、淞沪会战爆发，礼查饭店毗邻"孤岛"

淞沪会战前，战争的阴影笼罩在上海这个城市，可英国的骑手，仍然在跑马厅骑着亚种矮马，赛狗照样在逸园奔跑。1936年7月21日《新闻报》的一个新闻，可能是礼查饭店衰落的一个征兆：住礼查饭店302的英美烟草公司职员、45岁的赫斯登，头部中弹，疑似自尽。这个不祥的信号，给礼查饭店的住客带来恐慌。[1]

礼查饭店走向衰落的转折点，是1937年8月13日淞沪会战的爆发。

自太平军战事以后，每遇战争，无论是中国国内战争、中外战争，还是发生在中国领土上的外国与外国的战争，上海租界都无一例外地宣布中立。为此，当闸北熊熊战火燃起之时，上海公共租界和法租界当局立即宣布租界为"中立区"，并在租界内实施戒严。

战争期间，由于礼查饭店所在的虹口，属于日本势力范围，和上海公共租界其他地区分开，不属于战时中立区，故住在虹口的西方侨民迅速离开，迁往较为安全的上海公共租界中区、西区及其越界筑路地带和上海法租界。

虹口是战争的前沿阵地，刺刀霍霍，炮火轰天，居民仓促外逃，商店倒闭，市面凋零，沦陷期间，虹口区由日本海军直接管辖，日侨猛增。在很多西方侨民撤离虹口后，礼查饭店因失去服务对象，经营困顿。

1937年11月12日凌晨，在持续了近三个月之久的淞沪会战中，国民党军队悲壮失利，随即战略撤退。之后，对上海市中心相连的、属于英美和法国势力范围的两个租界，日军因碍于当时西方列强在上海租界地段错综复杂的权益，暂且未实施军事占领。

这期间，礼查饭店所在的苏州河两岸，已呈现出截然不同的城市景观。正如著名记者陶菊隐所写："苏州河一水之隔，一边是炮声震天，一边是笙歌达旦。每当夜幕降临，租界内彻夜通明的电炬，透过幽暗的夜空，与闸北的火光连成一片，映红了半边天。"[2]四行仓库保卫战，就是那时发生的惨烈故事。

1939年3月16日，《申报》综合《大美晚报》《大陆新报》报道："黄浦江畔之礼查饭店，原属英商上海香港饭店有限公司，已历四十年，顷已售予日商，昨日（十四日）午后取下英旗、而悬日旗云云。记者今晨叩诸该公司代表，据称，礼查饭店并未售予日人，惟由日商承租，已历若干时日。"[3]

据此，自那时起至1941年12月8日太平洋战争爆发，东至黄浦江，西到法华路（今新华路）、大西路（今延安西路），南抵民国路（今人民路），北临苏州河的英美租界（公共租界）和法租界，这两个加起来不超过30平方公里的区域，就成了名副其实的"孤岛"。

淞沪会战后，从虹口、杨树浦汹涌而来的难民潮，主要汇集于虹口区礼查饭店旁的外白渡桥，他们希望由此进入公共租界"孤岛"避难，横跨苏州河的外白渡

淞沪会战前,1937 年 4 月 6 日《新闻报》刊登的礼查饭店跳舞厅广告

淞沪会战后,日方谋求对虹口区域内礼查饭店、百老汇大厦的控制(《新闻报》1938 年 2 月 13 日)

第三章　　　　　　　　　　　战火波及与饭店衰落

战争期间外白渡桥的人流

桥,因此成了"生命之桥"。

一位美国人记述难民从礼查饭店所在的外白渡桥涌入租界的情况:

> 他们像洪水一样汹涌而来,滔滔不绝——乘着卡车、客车、拖车、推车、独轮车、人力车,

或者步行而来。扶老携幼，背负手提，婴儿坐在父辈的肩篮，十一二岁的男孩背着年迈的祖母……上百万走投无路的难民涌进外国租界，在茫茫人海中寻觅立脚之处。每个角落都挤满了男女老幼。他们冲进了茵茵草地和风景如画的外滩公园，占领了门窗前、屋檐下的每一块空地，乃至市中心的小巷夹道……他们甚至闯进了像雨后春笋一般多起来的棺材店，晚上就在棺材里睡觉。[4]

日军占领上海后，礼查饭店所在的外白渡桥北岸，有日军把守，南岸则为公共租界的属地。人们往来于虹口与公共租界之间，都需要提供通行证，并接受搜身检查，还需向日本士兵鞠躬，遭受日军耳光和拳脚，更是常事。这成为一代上海人的耻辱记忆。

二、命运多舛，礼查饭店的无奈衰落

1938年12月27日，日军假座礼查饭店举行股东大会，宣布："中日合办"的"大上海瓦斯株式会社"成立，选定北四川路194号为中国事务所。

1941年12月8日，太平洋战争爆发的同一天，日本人同美国人、英国人撕破了脸，全面占领租界。上海事实上，已是一座不设防的城市。租界里的英美人士望风而逃，逃不走的人大都被日本人送进了集中营，或是苏州河边的"大桥监狱"。[5]

曾在礼查饭店与密勒一同"创业"《密勒氏评论报》主笔美国人鲍威尔，悲怆地回忆道：

> 1941年12月8日凌晨4时许，我被窗外传来传来的类似三四只大爆竹的爆炸声所惊醒。此时我并未意识到，这爆炸声标志着自1842年以来存在将近一

个世纪的国际性城市——上海已经走到了末路,即将最后陷落。

接下的日子,鲍威尔被日军关押在苏州河畔的大桥监狱,每日迎接他的,只有恶劣的伙食:早餐是碗米粥;中午和晚上,是像石头一样又硬又冷的米饭,搭配的菜,通常是"三只干青鱼头"。

1945年抗战胜利后,英商收回了礼查饭店。

1946年10月9日,拥有礼查饭店、汇中饭店的香港上海大酒店有限公司,在香港召开股东大会。这家公司宣称,战争期间,这两间饭店共损失231.4万元港币。[6]

1946年8月至1951年7月,香港上海大酒店有限公司与香港新联地产有限公司签订五年协议,礼查饭店由香港新联经营,香港上海大酒店有限公司收取租金。

其间,新联地产有限公司委托建华企业公司张德华作为经租代理人,礼查饭店底层大厅,曾被分割成23间,改建成沿街店铺,开设咖啡馆、酒吧等,楼上由美军俱乐部等单位租用。

三、上海解放,礼查饭店迎来"卫生"第一会

解放后的礼查饭店,是与上海"卫生"这个关键词,紧密连在一起的。

1949年5月10日,上海解放前夕,陈毅时任中国人民解放军第三野战军司令员兼政治委员,当时为接管大上海,他在江苏省丹阳县召开了准备接管上海的会议,陈毅特地讲到入城纪律和在上海要注意的事项,他说:"(上海)单是每天的大小便问题不解决就不得了。每天的垃圾不解决,几天就堆成山……这些国民党能搞好,我们搞不好,老百姓会比较的。"

1949年5月28日,中国人民解放军解放上海的第

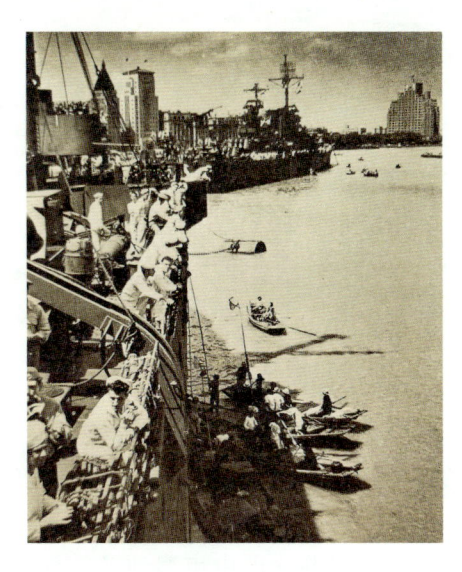

抗战胜利的外滩

1948年3月6日《密勒氏评论报》的广告：美国销售代理公司连美在礼查饭店（金山楼）办公。

二天，卫生局解放军代表王聿先（曾任上海卫生局局长），在礼查饭店召集旧上海市卫生局环卫处人员，就上海环境卫生问题做研究整治方案会议。[7]

接下来，大上海的环境卫生，有了很大改观：

6月3日，军事管制委员会财经委员会派员接管旧上海市卫生局清洁总队和清洁所，市卫生局制订突击清除解放前市区积存垃圾的办法，到6月底，突击清除垃圾11546吨；8月1日，市卫生局成立清洁总队垃圾驳运队，负责垃圾水上运输。

四、经营困难无力维修，礼查饭店被接管

1950年12月，礼查饭店经租代理人张德华，对饭店经营形势不乐观，去香港与英商香港上海大酒店有限公司解约退租。1951年10月，上海人民政府对外人士房产予以登记，英商香港上海大酒店不信任张德华，又授权在沪英商贾士比（上海煤气公司董事）为产权登记代表人。

1954年3月25日，上海人民政府外事处向外交部请示英商香港上海大酒店在沪产业报告。礼查饭店年久失修，破漏不堪，屡屡催促业主修理，业主表示无力出资。此项纠纷，曾由上海总工会并经上海市委指示执行在案，责令张德华、贾士比两星期内开工修理，如逾期限未能照办，即由市房地产管理局宣布代管修理，并处修理费50%的罚金，在代管期满后将房地收归。

1954年6月5日，中央人民政府外交部批复：限令责修礼查大楼，逾期不修，即将该大楼代管修理，代管期限一年，期满如业主不清偿修理费等即可将房屋收归公有。

1955年7月，上海市房地产管理局做出待修危险房屋费用清单（修理费、垫付修理费利息）以及罚金共计65.08万人民币。

1956年4月13日，礼查饭店代管期已满期，并经与1956年4月19日上海市房地产管理局局长核准，礼查大楼所在房、地，一并改为接管，最终，上海市房地产管理局接管了礼查饭店，并先后作为华东纺织管理局和中国茶叶出口公司的办公地点，以及海军家属、茶叶公司、棉纺公司的宿舍。

1958年6月25日，礼查饭店随上海大厦、和平饭店、锦江饭店、金门饭店、衡山饭店、国际饭店一并划归至上海市人民政府机关事务管理局（简称"机管局"）。上述饭店房屋产权，除礼查饭店属虹口区房地局外，均为机管局自管房。

注 释

1, 《新闻报》1936年7月21日。
2, 陶菊隐:《孤岛见闻——抗战时期的上海》,上海人民出版社1979年版,第4—5页。
3, 《申报》1939年3月16日。
4, Edna Lee Booker: *News is My Job: A Correspondent in War — Torn China*, New York,1940,P,P295-297;转引自【美】华百纳(Bernard Wasserstein),周书垚译:《上海秘密战:第二次世界大战期间的谍战、阴谋与背版》,上海社会科学院出版社2015年版,第19页。
5, 原名大桥公寓,1937年8月以后,被日军改为大桥监狱。即如今的大桥公寓,位于四川北路85号。
6, 《新闻报》1946年10月9日。
7, 浦江饭店提供的"章明事务所:浦江饭店历史信息调查"。

ASTOR HOUSE

4

浦 江 饭 店

第四章 浦江饭店的功能改换

一、1959年，礼查饭店更名为浦江饭店

1959年，礼查饭店由上海市机关事务管理局接管，5月27日更名为浦江饭店，并正式对外营业，成为市政府下属的、隶属上海大厦的高级招待所，正式对外营业。

1959年刚改名的浦江饭店，还有不少居民居住。由于年久失修，饭店客房粉墙剥落，地板损伤，电梯已不能使用；卫生设备缺乏，有的是几个房间合用一个卫生设备；家具、餐具大多数由上海大厦、南京饭店搬来，都是使用过的旧的。一到阴雨天，居民做饭的炊烟，充满了饭店的大堂。

新营业的浦江饭店，承担各地区来沪参观工作的内宾招待任务。当时浦江饭店拥有40多个房间，2个餐厅，1个厨房。虽然房屋陈旧，设备简陋，甚至有的是几个房间合用一个卫生设备，但由于浦江饭店全体同志们全心全意地为旅客服务，他们的辛勤劳动受到了旅客们的普遍好评。

在上海档案馆，珍藏着1959年12月浦江饭店的先进事迹总结，现在读来，颇有代表性，笔者抄录部分，

以飨读者：

浦江饭店的服务工作，所以能取得这样大的成绩，首先是浦江饭店的全体员工在党的教育下，树立了全心全意为旅客服务的观点，认识到伺候人的工作是最崇高的工作，也是最光荣的工作，他们之中有些人在解放前就从事服务工作，也有一些是从家务劳动中解放出来的，过去在政治上、经济上都备受压迫，受过剥削，说起来过去都有一段辛酸的经历。解放后人民当家作主，给了他们深刻的翻身感，体会到在新社会里当服务员已不在是被人轻视的"下贱"人了，服务工作只是分工不同，没有贵贱之分，同样是社会主义建设中不可缺少的工作。妇女大姐几十年来纠葛在家庭小圈子里，今天一旦能直接参与社会工作，为社会主义建设出力更使她们意气风发，热情高涨。因此，她们都热爱自己的工作，一致表示愿意把服务工作作为自己终身的事业。

……浦江饭店每天接待150多个客人，最多的一天接待了632人，而工作人员开始只有10人，目前也只有15人，工作甚为紧张，但仍然坚持做到"亲切、热情、耐心、周到"的要求，使客人欢然而来，满意而归。

客人初到浦江，一般都感到条件差，看了一个房间又要看一个房间，有的是连看五、六个，总想找个合乎自己理想的房间，服务员一面不耐其烦领客人看房间，一面主动进行宣传解释，说明浦江饭店在解放前只有有钱人才住得起，一般人不能随便进来，解放后做了劳动人民的宿舍和机关办公室，现在刚刚接下。目前房屋紧张，能搞下这座大楼做旅馆，已非易事，我们根据节约的原则一面使用，一面整修，逐步完善，你们能住在这里，我们为你服

1962年的浦江饭店发票和报销单。上海大厦、浦江饭店、南京饭店这三家老饭店罕见"同框",为中国饭店特殊时期的特殊写照(肖可霄收藏)

务感到非常光荣。客人们了解情况后,也就乐意住下来。

他们对待客人总是笑容满面,态度和蔼,热情地嘘寒问暖了解客人各种需要,关心客人痛痒,千方百计为客人解决困难。辽宁省代表团要去大连,买不到车、船票,眼看要误事,会计员吴秀珠同志知道后,就主动来到金陵路售票处、交际处、上海站、海运局等单位取得联系,买到了票子,使代表们能按时启程。厦门纺织学校有一个采购人员,买了仪器,买不到装运的木箱,服务员知道了,就设法找了些旧料,请木匠做了一只箱子给客人。有一位农村老太太来上海开会,服务员发现她好几天没有梳头,就主动拿了梳子为她梳头。有位吉林客人,要寄文件回去,需要买牛皮纸,但买了好久买不到,管理员徐乾元同志虽然年已60余岁,患有高血压,但为了满足客人的需要,不辞辛苦挨户打

第四章　　　　　　　　　　浦江饭店的功能改换

听,从浦江饭店一直跑到四川路横浜桥,终于为客人买来了牛皮纸。如果发现客人生病,他们不但在生活上照顾好,还经常予以精神的安慰,使病人心情舒畅,情绪稳定。客人要代办邮电、回款、托运等事项,总是随叫随办,认真负责。对客人的起居和日常琐碎,也是关心备至,体贴入微,给客人刮胡子、洗衣服、补衣服、擦皮鞋、治病、盖被子样样都来,使客人时时感到温暖,处处感到方便,宛如自己在家里。

有一次辽宁省代表团100多人想吃水饺,厨房力量不够,怎么办?管理处李光伦同志想出了个好办法,客人、主人一起搞,代表团欣然同意,即刻有五、六十位代表自动报名参加包饺子,有处长、有科长、有局长。一面包,一面吃,情绪高,吃得好……[1]

二、1988年,浦江饭店随上海大厦划归衡山集团

1961—1964年,《辞海》编委会在浦江饭店完成《辞海》的修订工作,苏步青等六七十位知名学者曾在这工作。

1972年,军管会决定在锦江、衡山、上海大厦三个饭店,尝试开设对外餐厅,以便加快培养新厨师,其中上海大厦的对外餐厅,就设在浦江饭店底层的朝外白渡桥一角,共3个房间,可容纳100人。[2]

1973年11月,为了落实大型客机配套成品和进行技术协调,三机部在上海大厦及浦江饭店召开了"708大客机配套成品技术协调会"("7311"会议)。

1974年8月21日,海洋地质调查局在浦江饭店召开大陆架调查会议,会议讨论开展东海、南海大陆架概查的初步设计方案,确定东海大陆架调查由一海大队海洋一号轮承担,南海大陆架调查由二海大队海洋二号轮承担。

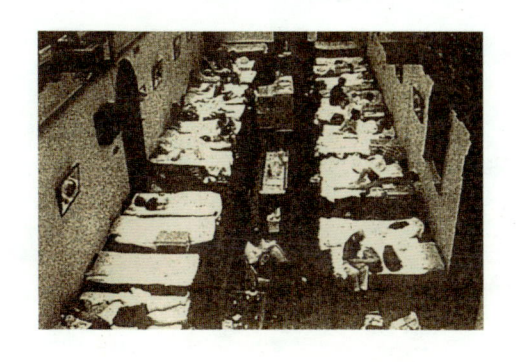

1998年9月,浦江饭店加入国际青年旅舍联盟(浦江饭店提供)

在浦江饭店工作三十年的老员工朱宝龙的工作证。因浦江饭店当时隶属上海大厦,故工作证也体现这一点(朱宝龙提供)

  1976年3月8日,三机部主持,市工交组和市机电一局708办公室参加,"全国成品协调会"在浦江饭店召开,历时16天。会议对运十飞机的成品进行技术协调。

  1978年1月9—28日,海洋地质调查局在浦江饭店召开了海洋地质会议。会议制定了海洋地质工作和科技工作的三年计划和八年规划及若干具体措施。

  1981年3月7—9日,上海远洋运输公司工会第四次会员代表大会在浦江饭店召开,出席大会代表262人。[3]

  1982年7月8日,浦江饭店委员选出第一届工会主席及

2013年，从上海半岛酒店角度看浦江饭店（肖可霄摄）

2020年浦江饭店所在的路牌（肖可霄摄）

饭店内部的楼梯（肖可霄摄）

浦江饭店的功能改换

1984年9月22日，浦江饭店的一桌婚宴（刘毅提供）

2016年浦江饭店的名人套房（肖可霄摄）

委员,王玉珍为工会主席。[4]

1984年,浦江饭店随上海大厦划归锦江集团。

1988年,浦江饭店随上海大厦划归衡山集团。

1998年9月,浦江饭店在国内率先加入国际青年旅舍联盟,向来自世界各地的大学生旅游团(号称"背包族")提供廉价优质的服务。据当年曾在虹口区黄浦路106号办公的周蓉女士回忆,那时她去浦江饭店看望国外朋友时,"一个床位是15元"。

60多岁的刘毅先生回忆:1984年9月22日,他把自己的婚宴,定在浦江饭店的水晶厅,摆下9桌婚宴,宴请宾客。

那时,隶属于上海大厦"旅游餐厅"的浦江饭店,一桌婚宴花费为64元,流行全鸡全鸭全蹄髈、钢化玻璃杯里的橘子汁、红双喜和牡丹烟。20世纪80年代中期,上海大多数人月工资收入是人民币50元左右。那时在浦江饭店的一桌婚宴,抵得上寻常上海人一个月的工资。

三、1990年,上海证券交易所落户浦江饭店

1990年,上海证券交易所落户浦江饭店,是浦江饭店100多年历史中的一个大事件。

1990年11月26日,经国务院授权,由中国人民银行批准,上海证券交易所正式成立,落户在虹口区的浦江饭店。12月19日,上海证券交易所在浦江饭店二楼的礼查厅,正式举行开业典礼。海内外著名的经济专家、专业人士齐聚浦江饭店见证了上交所的开业并参加了剪彩仪式。那一天浦江饭店门前人涌如潮,这标志着上海证券市场的新生。

1990年至1997年,浦江饭店的孔雀厅,作为改革开放后中国第一家证券交易所——上海证券交易所的第一交易大厅,开启了中国证券市场发展的新篇章。

1992年，上海证券交易所开办股东账户盛况（杨宇慧摄）

1990年12月19日，上海证券交易所开业揭牌仪式（杨宇慧摄）

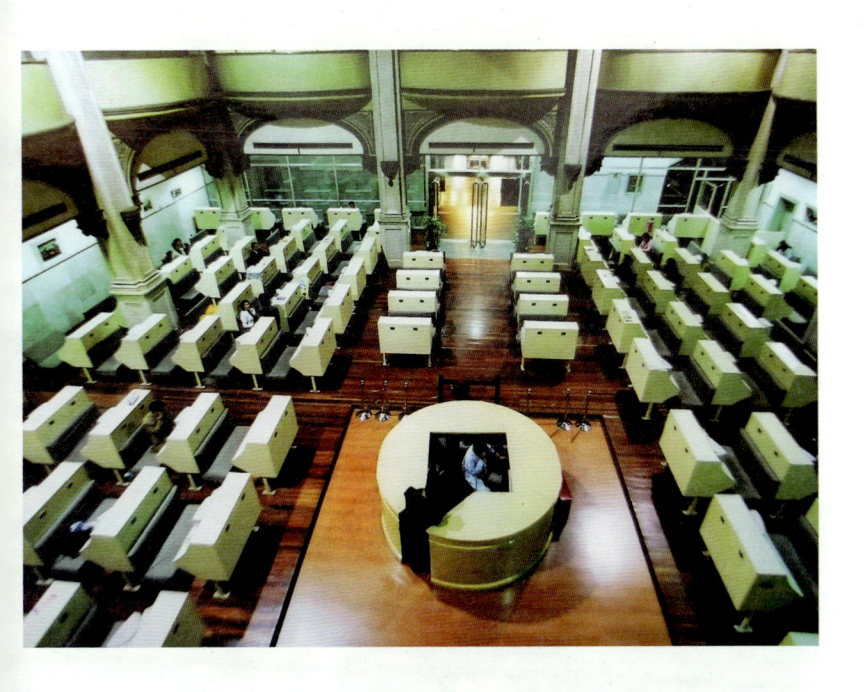

1997年底，上交所迁址浦东后，港澳证券迁址于浦江饭店孔雀厅（浦江饭店提供）

据1989年上海证券交易所筹建"三人领导小组"成员之一的龚浩成先生回忆：其间有个细节值得一提，就是"上海证券交易所"中"证券"这个词的英文翻译费了一番心思，按理翻成"Stock"就是了，发达国家和地区都是用这个词，可在我们当时的社会环境，这个词还比较敏感，加上交易所成立初期交易的股票只有8只，国债、企业债等交易品种则有二十多个，为了避免引起不必要的麻烦，建议用"Securities（有价证券）"这个

第四章　　　　　　　　　浦江饭店的功能改换　　　　93

浦江饭店
ASTOR HOUSE

中国证券博物馆孔雀厅(楼定和摄)

词，以减掉点锋芒。结果这个留有时代痕迹的、不甚规范的表述，一直到1997年12月19日交易所搬迁到浦东新址时才改过来。[5]

如今，读者若徜徉在已更名为中国证券博物馆的"孔雀厅"里，还可看到上交所"第一代"和"第二代"交易席位的原始物件。交易席位上身穿红马甲的塑像，展示了当年驻场交易员的身影，他们当时是代表着派出证券公司在场内参与股票交易；大厅中央区域身穿黄马甲的塑像则展示了当年上交所交易大厅场内管理员的身影。

鲜为人知的是，1997年底，上海证券交易所迁址浦东后，港澳证券曾迁址于浦江饭店孔雀厅。

浦江饭店
ASTOR HOUSE

不同时期的浦江饭店（肖可霄摄）

第四章　　　　　　　浦江饭店的功能改换

2012年的浦江饭店门头，悬挂多国国旗（肖可霄摄）

2007年的浦江饭店"上海早晨"餐厅（肖可霄摄）

2013年的浦江饭店底楼（肖可霄摄）

第四章　　　　浦江饭店的功能改换

2011年的浦江饭店夜景（肖可霄摄）

2013年的浦江饭店走廊布置（肖可霄摄）

四、2002年，浦江饭店完成第一期更新改造

  1996年，浦江饭店所属的上海衡山集团，在时任集团领导吴怀祥的主持下，成立集团文史资料收集工作领导小组，咨询、走访天津利顺德大酒店、上海市档案馆、上海市城建档案馆、上海历史博物馆等机构，查阅典籍资料，梳理收集浦江饭店等建筑历史资料。

  在那次文史资料梳理中，衡山集团文史资料收集工作领导小组，最终在上海市房地局档案馆搜寻到礼查饭店在1857年（咸丰七年）的地契，寻到了浦江饭店的

2001年4月，浦江饭店对大堂等进行大修（浦江饭店提供）

2014年的礼查大楼（金山楼）内部楼梯局部（肖可霄摄）

根，有力证明了礼查饭店是上海乃至中国第一家西商饭店。

  1999年2月，浦江饭店被评为上海市第二批优秀历史保护建筑。

  2002年，浦江饭店完成第一期更新改造工程，并投入使用。

在这次改造工程中，浦江饭店工程总务部经理、2018年获衡山集团"匠人"称号的丁国明，最先发现浦江饭店金山路大楼407房、408房的大梁底部，已被大白蚁窝蛀噬到空，他果断加固。

2002年修葺改造浦江饭店三楼回廊式中庭红墙时，当时的施工单位图省力，想在原白色墙体上贴一层红色砖皮，这样好看又省心。不料，丁国明拿出积累的老图片，严谨比对、求证，一定要施工单位耐心地剥除原本覆盖墙体的十多层涂料、油漆，他甚至强行规定两位瓦匠的工作内容：啥事也不做，就每天在三楼回廊耐心清洗3平方米的历史红墙。最终，"褪去浮华"的红砖，加上凸出的西式原始白腰线，整面红墙，真实、厚实、浑朴，传承着上海历史文脉。

2000年，浦江饭店的丁国明严厉拒绝了一个美国人"诱人"要求：用一辆崭新的奔驰车，来向他交换这块有100多年历史的，长120厘米、宽30厘米的原孔雀厅汉白玉"狮身人面像"

五、2018年，浦江饭店翻牌为中国证券博物馆

2017年12月31日，一百多位上海市民、游客都赶在零点前，再来看浦江饭店一眼。因为2018年1月1日起，这家中国最早的西商酒店——浦江饭店，就要歇业改造为中国证券博物馆。

2019年3月，笔者曾专访时任中国证券博物馆理事长姜洋，就"为什么要建设中国证券博物馆"等问题，博物馆的这位负责人做了解答。

> 说到建设证券博物馆，其实很早以前就有人在干这件事。在我们证券期货行业，不少市场机构、民间收藏家自发建设了规模不等的博物馆或陈列室。其中最具代表性的是湘财证券于2003年开始建设的历道证券博物馆，到现在已约有16年了。目前，他们已经把博物馆的藏品，全捐赠给中国证券博物馆。我们有5000多件藏品来自历道证券博物馆。
>
> 习近平总书记指出，搞历史博物展览，为的是见证历史、以史鉴今、启迪后人。在新的历史起点上，我们筹建中国证券博物馆，就是要不忘初心，继续前进。要记录梳理、收藏展示、研究保护资本市场沿着中国特色社会主义道路探索创新的历史进程，全方位还原我国证券期货市场发展的珍贵历史，特别是改革开放以来的历史成就，收藏、记录和展示有中国特色社会主义市场经济体制下资本市场的开拓者、建设者、监管者史无前例的艰难探索和大胆创新的历程，为后代留下宝贵的文化精神财富。
>
> 目前，我们功能定位是"三个中心"：证券期货藏品收藏展示中心、证券期货文化国际交流中心、证券期货知识教育研究中心。围绕上述功能定位，我们展陈内容主要定为"三个为主、三个兼及"。

浦江饭店
ASTOR HOUSE

2012年的浦江饭店（肖可霄摄）

浦江饭店
ASTOR HOUSE

2018年的浦江饭店外墙在改造,即将挂牌"中国证券博物馆"(肖可霄摄)

第四章　　　　浦江饭店的功能改换　　　109

浦江饭店
ASTOR HOUSE

2020年11月的中国证券博物馆(肖可霄摄)

浦江饭店
ASTOR HOUSE

2017年12月31日20:00的浦江饭店(肖可霄摄)

第一，从藏品内容看。藏品以股票、债券、基金、期货、期权市场相关藏品为主，兼及银行、保险等行业相关藏品。我们不可能把市场上所有东西都收纳进来，所以在展陈内容上有所偏重。

第二，从时间角度看。以改革开放以来的证券期货业发展历史为主，兼及近现代证券期货业历史溯源。

第三，从空间角度看。以中国资本市场历史文化为主，兼及全球资本市场历史文化。我们的证券期货市场是借鉴西方，结合国情而建立发展起来的。因此，以中国资本市场的藏品为主，兼顾西方主要是英美等国资本市场上一些藏品。[6]

对在原浦江饭店的受保护建筑内，做展览布置，中国证券博物馆管理团队有着清醒认识：

如今中国证券博物馆孔雀厅一景（肖可霄摄）

中国证券博物馆的展览空间因其是一家历史悠久的老饭店而先天不足，少有大空间，多的只是小客房。让不足变成特色，是我们展示的努力方向。

在一楼孔雀厅不到400平方米的空间中，完整展现改革开放以来中国资本市场发展历程的同时，还原20世纪90年代的股票交易大厅，更嵌入了若干互动体验项目。在二楼礼查厅约600平方米的空间中，展示世界各国交易所文化的同时，更作为一个活动共享的空间，经常举办各类文化活动。2019年制作的周恩来专题展、致谢2019捐赠藏品和口述历史展览都是利用原有的客房来陈列的。

下一步，我们将利用外延空间和智慧化技术手段通过让展览走出去、请进来，弥补馆舍改造前的空间问题。[7]

对浦江饭店"变身"为博物馆，与浦江饭店建筑同处一个历史时代的中国经典老饭店——目前也运营一个饭店博物馆且也曾称"Astor"的天津利顺德大饭店[8]，感同深受。1996年，浦江饭店所属的上海衡山集团，为保护饭店建筑，还曾走访考察过天津利顺德大饭店。为此，天津利顺德大饭店负责人何琳先生表示：

"如今的浦江饭店再次华丽转身成为了中国证券博物馆，作为博物馆，在最大程度保留浦江饭店建筑原貌的前提下，可以有效发挥历史建筑使用功能，保留城市文化基因，延续城市历史文脉，我想这也是浦江饭店新的历史使命。衷心希望在社会各界的共同努力下，中国证券博物馆能成为'全世界最好的证券博物馆'。"

"说到本身是文物保护建筑又是经典老字号的饭店，浦江饭店与利顺德饭店都可以称为'遗产型'酒店，它们浓缩了一个时代的记忆，展现了中国近现代社会、经济、文化的发展与变迁。2019年初，习近平总书记视察天津工作时提出'要爱惜城市历史文化遗产，在

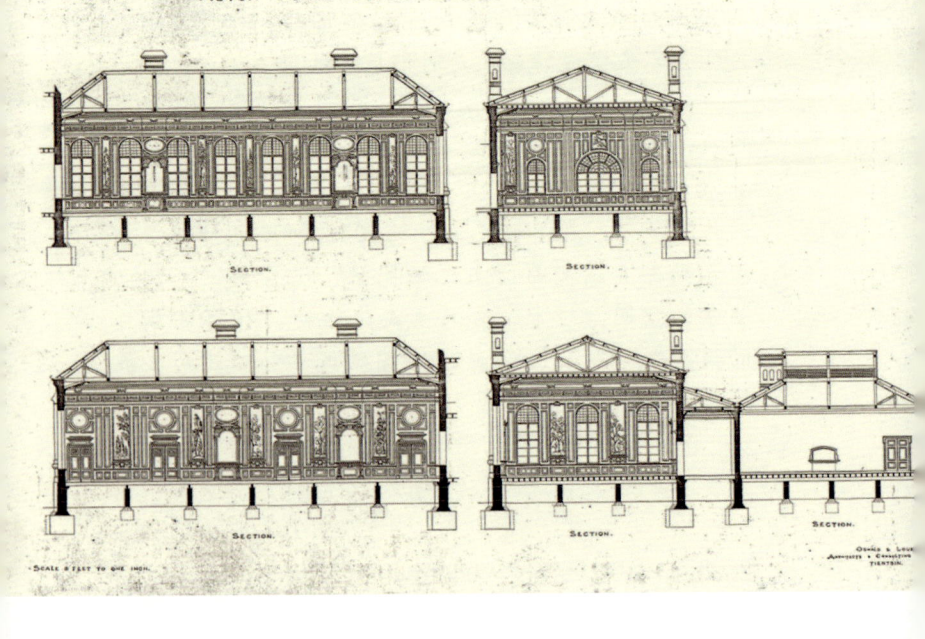

天津利顺德大饭店建筑图纸（天津利顺德大酒店提供）

上海证券交易所第一代开市锣，珍藏于中国证券博物馆。1990年12月19日，上海证券交易所正式开业，向世界表明中国改革开放的决心，我国资本市场迈出了重要一步（周舶摄）

保护中发展，在发展中保护'的重要要求。那么保护和发展历史文化就成了利顺德的重要使命和未来前行的方向。利顺德大饭店不仅修旧如故，真实还原再现了百年前的建筑原貌，并且对饭店全部可移动文物清点造册，完善文博相关管理制度，并重点加装了文物展品安全保护设施，加强消防安全管理，提高接待大型活动的限制和要求，一切以保护历史风貌建筑为开展工作的前提，以文物安全为第一考量。同时，饭店坚持文化旅游融合发展战略，深入挖掘历史文化资源，丰富服务内容，提高产品内涵和附加值，走出一条适合利顺德饭店文旅融合发展的前进道路。"

"我们希望利顺德大饭店，能在一代一代人的精心保护下，一直延续发展下去，与时俱进，成为见证中国酒店业发展变革的'活化石'。同时，也希望如浦江饭店、和平饭店、利顺德这样的老字号饭店能够形成联盟，共同努力把我们的历史文化一直传承发扬下去。"

目前，经中国证券博物馆悉心收集和整理，已收藏诸多珍贵藏品。

最值得一提的是，中国证券博物馆成立之初，湘财证券所属的历道证券博物馆，就把5000余件晚清时期、民国时期、新民主主义时期与新中国建立初期及改革开放后的证券和物品，捐赠给中国证券博物馆。

这批宝贵的捐赠藏品，集中国金融史、证券史、工业史、商业史、城市发展史、民族资本家族史和近代史为一体，融书法、篆刻、印刷术、中介、法律法规、人物志和企业文化为一身，源自湘财证券、历道证券博物馆15年的收藏心血，对展示中国证券业发展物证，挖掘、研究、传播金融证券历史文化发展脉络贡献很大，奠定了中国证券博物馆收藏与研究的学术基础。

浦江饭店
ASTOR HOUSE

中国证券博物馆展区(楼定和摄)

中国证券博物馆三楼中庭展区之一（楼定和摄）

中国证券博物馆三楼中庭展区之二（楼定和摄）

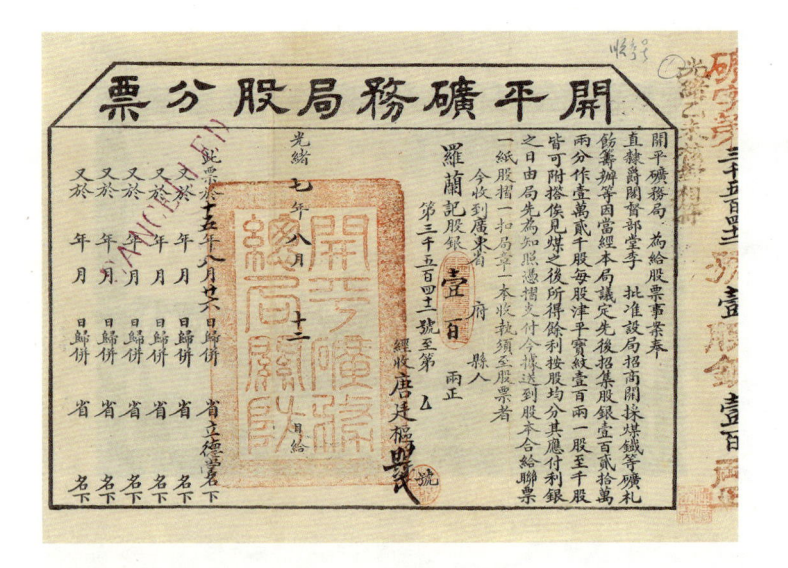

开平矿务局光绪七年（1881）发行的股票，为现存最早的中国股票（中国证券博物馆提供）

1988年发行的上海豫园股份票据（中国证券博物馆提供）

1988年成立的深圳万科的股票单据（中国证券博物馆提供）

注 释

1. 上海市档案馆，卷宗号 B1-2-3302-60。
2. 上海市档案馆，卷宗号 B50-3-76-27。
3. 来自浦江饭店提供的"章明事务所：浦江饭店历史信息调查"。
4. 上海市档案馆，卷宗号 B50-6-447-118。
5. 龚浩成、尉文渊口述，张持坚访谈：《上海证券交易所是如何创造的》，《中国证券博物馆》馆刊，2020年第1辑。
6. 肖可霄：《外滩酒店赏鉴》，读者出版社2019年版，第25页。
7. 金星：《多元和包容：对行业博物馆建设和发展的探索——以中国证券博物馆为例》，《中国证券博物馆》馆刊，2020年第1期。
8. 天津利顺德大饭店英文为"Astor Hotel"。

ASTOR HOUSE

5

浦 江 饭 店

第五章 名人留踪

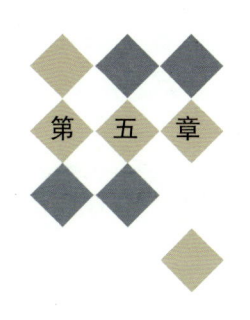

一、鲍威尔：西方来华专业报人先驱

（一）
1917年，鲍威尔下榻礼查饭店

被誉为"西方来华专业报人先驱"的约翰·本杰明·鲍威尔（John Benjamin Powell），和在华历史悠久的美国《密勒氏评论报》，与礼查饭店有着不解之缘，且看鲍威尔的自述：

> 1917年2月初的一天，我搭乘的一艘小货船，缓缓地靠上了上海虹口码头。
>
> 船一停稳，我拎着自己的手提箱登上了岸，雇佣的一个苦力，扛着我那只洋铁皮衣物箱跟在后面。天正下着雨，黄浦江边的街道显得非常狭窄。街道两旁，是连片的船用货栈和仓库，路面被雨浇得泥泞不堪，寸步难行。两辆黄包车从后面紧跟上来，招呼我上车。这种靠人力拉的车，足以容纳一个乘客和行李，但是，我仍决定步行去我要去的旅

馆——礼查饭店（The Astor House Hotel）。我这次东来，曾在日本稍事停留，第一次看见了黄包车，而且还在横滨坐过，但此时此刻，我仍对东方的一切感到陌生，不忍心坐在由人类拉着跑的车上。[1]

也是在礼查饭店，这位"不忍心坐在由人类拉着跑的车上"的、前密苏里大学毕业生鲍威尔，见到了《密勒氏评论报》的创刊人托马斯·F.密勒。

鲍威尔回忆道：

  礼查饭店是当年上海一流的旅馆，其前身是早年来华的一位美国船长创办的一座供膳公寓，——他把自己的船留在了上海，其名字也来自美国著名的纽约礼查饭店。但是，这位船长不得不在名称上加添"旅馆"这个字眼，因为纽约礼查饭店的大名，还没有传到中国。除了名称以外，这两家饭店几乎没有任何共同之处，上海礼查饭店四面临街，由两幢三层和四层高的楼房组成，有长长的通道串连着。饭店的中央，是一个宽敞的厅院，晚上交响乐队常常在此演奏。晚上8点起，穿得衣冠楚楚的客人下来进餐，这时，你可以看到这个港口城市的大部分外国头面人物，一位上了年纪的老上海曾对我说："如果你愿意坐在饭店的大厅里，张开眼睛，随便看看，那么，你几乎可以看到混迹于这个城市的所有骗子！"

  我寻到礼查饭店后，打听下榻在此的密勒先生住几号房；一位仆役轻声地说，他就住在饭店里，并且马上就会来大厅坐坐，我刚想问他长得如何模样，那仆役就叫我看一位正从楼梯上走下来的人。只见那人身材单薄，体重125磅左右，但穿着异常考究，我不由突发奇想，他怎么能够在坐下来的时候，不弄皱他那套笔挺的西服呢！[2]

约翰·本杰明·鲍威尔

（二）
鲍威尔其人

1886年4月18日，约翰·本杰明·鲍威尔出生在美国密苏里州马里昂县的一个大家庭。他是家里的长子，下面有五个兄弟姐妹。马里昂县的居民向来以勤劳和智慧而享誉四乡八里，鲍威尔的父母也不例外。他们为这个大家庭营造了一个充满爱和欢乐的氛围。在家乡，人们亲切地称鲍威尔为乔尼。他的妻子曾回忆说，乔尼继承了他母亲的很多特点，是个充满爱心的人。[3]

从小学开始，乔尼就是一个成绩优异、爱思考的好学生。他特别擅长将自己所思所想写成文章，且常常有惊人之作。他话不多，但肯动脑筋。鲍威尔后来回忆说，他对新闻的兴趣就来自他小时候对写作的爱好。他家乡的一位老人回忆说："乔尼是一个好孩子，现在长成了一个好小伙。他这个人，宁可去死，也不会做自己认为不对的事情。"[4]

也许，这位来自家乡老人的评价，佐证了鲍威尔后来在上海"孤岛"时期，依然冒着生命危险，正义地大量发表揭露和抨击日本军队残暴行径的文章，最终身陷囹圄惨遭截肢之厄运。

鲍威尔在自己的回忆录《我在中国的二十五年》中叙述了自己早年职业生涯：

> 我出生在密苏里东北部的一个农场，上的是农村的学校，并且到伊利诺伊州的昆西勤工俭学读完高中和商学院。我跑两条送报的路线，早一次，晚一次。后来，为了赚够上密苏里大学新闻学院的学费，我在古老的《昆西自由报》（Quincy whig）担任小记者。四年后，我从密苏里新闻学院毕业，并回到了密苏里东北部，在汉尼拔的《信使报》（Courier post)任职。汉尼拔因为是马克吐温童年的故乡而著名。在干了四年的报纸促销员、广告经理和城市版编辑后，我回到密苏里大学教授新闻学。[5]

从他的个人回忆中可以看出，早在来上海创办《密勒氏评论报》前，鲍威尔就已是一位经验丰富的媒体人。

（三）
鲍威尔——西方来华专业报人先驱

1917年初的一天，当时的美国密苏里大学新闻学院毕业生鲍威尔，有两个职业选择：

一是去美国南方某报业集团的的一家报社做社长助理，另一个是到美国中西部某商业报纸任职。当时，鲍威尔接到院长威廉士的电报后，来自托马斯·F.密勒在中国上海的办报邀请，对鲍威尔似乎更有诱惑力，他最终选择了上海这个"冒险家的乐园"，与同样来自密苏里大学的托马斯·F.密勒，共同创办《密勒氏评论报》。

在礼查饭店，鲍威尔与密勒第一次与见面后，后者

莫顿船长，拍摄于1906年（浦江饭店提供）

就建议鲍威尔在礼查饭店开个房间，并介绍了饭店经理莫顿船长给他认识。"莫顿船长说，他会在'统舱'里给我安排一个房间，每月房租125元，包括膳食和午茶，折合美金约60元。"[6]

入住礼查饭店的鲍威尔，立即开始了《密勒氏评论报》的筹办工作。事实上，密勒只是《密勒氏评论报》启动资金的筹措人，而几乎所有的刊物发行、广告运营、印刷等工作，都是鲍威尔在负责。从1917年开始，鲍威尔一直担任该刊物的执行主编。

1917年6月9日《密勒氏评论报》创刊号，终于在上海这个弥漫着黄浦江湿漉漉的早晨问世。

《密勒氏评论报》初创阶段，来自美国专业报刊的移植——最早版式以及"政治""财经"两个中心，是对美国1914年《新共和》杂志的模仿。

鲍威尔自己也承认：

> 大约两年前，《新共和》杂志在纽约创刊。报刊排版专家当即认定它的排版和尺寸最能体现发行人的理念。这本精美的杂志的成功很大程度上得益

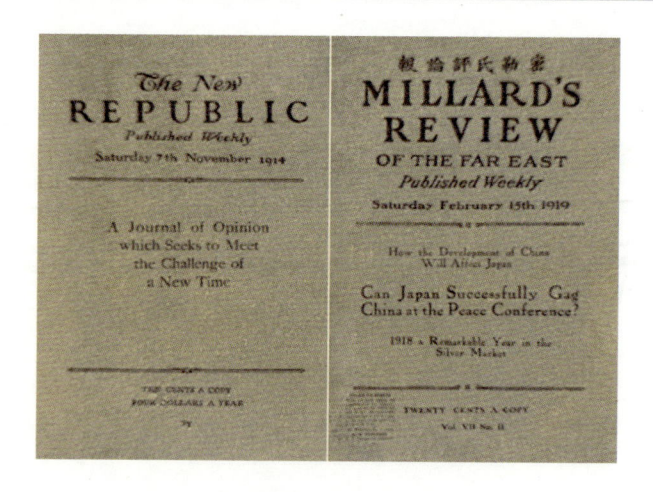

从上图可以看出《密勒氏评论报》和《新共和》杂志在排版上相似性（郑保国提供）

《密勒氏评论报》1928年所刊《新中国特刊》封面

于其与众不同的外观。《新共和》的读者或许看到《密勒氏评论报》在排版和其他格式上几乎拷贝了《新共和》杂志。我们感谢《新共和》杂志的编辑们慷慨地为我们提供了他们刊物的细节和说明。在中国，我们不敢期望在内容上达到他们的高度，但是要有努力追赶纽约杂志的精神。[7]

1922年，密勒回到中国担任北京政府顾问后，他将《密勒氏评论报》股权全出售给了鲍威尔，使得后者真正成为集发行人与主笔于一身。原来给《密勒氏评论报》提供经济资助的克莱恩，停止了对刊物的资助。

接手后，鲍威尔立即决定更改刊物名称，试图去除密勒个人主义色彩。几番更迭后，在1923年6月23日，刊物正式定名为*The China Weekly Review*，刊物始终沿用一个中文名称——《密勒氏评论报》。[8]

之后，《密勒氏评论报》在鲍威尔的专业运营下，通过美国专业办刊方式的本土化，拓宽了新闻报道范围，构建跨国编辑记者团队，丰富了刊物的经营和管理方式，特别是对西安事变、巴黎和会的客观报道，最终成为当时美国在华影响力最大的媒体，堪称"中国时局的观察家"。

1936年11月，曾入住过礼查饭店的《密勒氏评论报》特约记者的埃德加·斯诺，以《毛泽东访问记》为题，把毛泽东关于个人经历的谈话在《密勒氏评论报》上发表后，立刻震动了世界。它极大消除了外界关于红军领导人的种种猜测和疑虑，树立了红军领导人的正面形象，改变了他们对中国漠不关心的态度，更树立了《密勒氏评论报》客观性报道的权威地位。

鲍威尔主治下的《密勒氏评论报》，内容上不仅关注政治、财经，也在娱乐大众上，做了很多尝试。例如，早在1930年，《密勒氏评论报》就报道了梅兰芳即

将访美之事,在描述梅兰芳表演风格后,文章点透了梅兰芳访美的深刻含义:

> 梅兰芳的美国之行有着特殊的意义。他不是为了赚钱,而是为了向美国公众展示中国文化和艺术。迄今为止,美国舞台和银幕上的中国人,大多被描绘成脑后拖着辫子的丑陋形象。这一错误的表达方式已经严重伤害了中国的声誉。虽然在纽约、芝加哥和三藩市等大城市的唐人街偶尔能看到中国的舞台表演,但那些只是为了娱乐当地华人,根本代表不了中国文化和艺术。所以梅的美国之行将通过展示真正的中国舞台艺术,极大地纠正美国公众的错误观念。[9]

《密勒氏评论报》也在"短社评"等栏目里插入轻松幽默的话题,刊物曾以8页篇幅,对中国麻将的由来、游戏规则,做了深入报道,鲍威尔本人甚至还深入麻将生产作坊,对麻将生产工艺和流程做图文并茂的介绍。[10]

(四)
鲍威尔:在华日军"头号敌人"

1937年,淞沪会战的炮声和轰炸声穿透了上海这座国际都市。上海租界进入所谓的"孤岛时期"。尽管租界形势发生急剧变化,"孤岛时期"的《密勒氏评论报》,一如既往地大量发表揭露日军在华暴行的文章。鲍威尔因此经常遭到日伪的恐吓。他的车被偷走,有人向他投掷手榴弹,好在是个哑弹。他两次遭遇枪击。为了安全,他只有在晚上才为《密勒氏评论报》工作,还雇手持毛瑟枪的山东大汉在装有钢板的大门前负责守卫。[11]

1941年7月,汪伪政权把打击目标对准美商及其他外商报纸,其掌管控制的《中华日报》(*Central China Daily News*)赫然登出在沪新闻记者的"黑名单",扬言要"驱逐"他们。

这个"黑名单"上共有7名外国记者和8名中国记者,鲍威尔"名列第一",他自己是这么看待的:

> 在这个黑名单上,我名列第一,其次是《大美晚报》发行人C.V.斯塔尔(C.V.Starr)、总编兰德尔·古尔德(Randall Gould),《大陆报》记者兼美国XMHA电台评论员卡罗尔·奥尔科特(Carroll Alcott),一家戏剧刊物的总编兼中文《华美晚报》名誉总编哈尔·P.米尔斯(Hal P.Mils),《申报》律师和注册所有人诺伍德·F.奥尔曼(Norwood F.Allman),《大学快报》(*The University Press*,该报发行几种华文版)经理、英国人桑德斯·贝茨(Sanders bates)。[12]

回国后处于康复期的鲍威尔

其实，鲍威尔早就对日本人会给自己带来什么样的苦难有了心理上的准备。他在1941年8月21日写给家人的封信中提到：

> 这里的情势正在逐步恶化，因此我们都一直在预期着，自己要么被赶走，要么被关进集中营。日本人正变得越来越下流。对我来说，可怕的事情似乎是迟早要发生的。[13]

1941年，太平洋战争爆发。12月7日，珍珠港事件爆发当天，日军即刻派宪兵分四路接收英美在沪新闻机构：《大陆报》《密勒氏评论报》《中美日报》《大晚报》《字林西报》和《神州日报》。《申报》和《新闻报》也一并被查封。12月20日，鲍威尔被日本人以"从事对日谍报并作援渝反日宣传"的理由逮捕。寒冬

《密勒氏评论报》1953年的封面

中穿着衬衫的鲍威尔被投入了距离礼查饭店不远的、冰冷的大桥监狱,也就是他后来在回忆录中提到的 Bridge Prison。

日军方对鲍威尔恨之入骨,他关押的监狱牢房,很狭窄,甚至囚犯有时只能站着睡觉;老鼠和虱子、跳蚤、臭虫,"应有尽有";患病的犯人得不到治疗导致传染病肆虐;米饭像石头一样冰凉和坚硬,而且肮脏。最终,直到鲍威尔双脚患上"坏疽",日军才将他马虎地送到医院接受治疗。长期折磨让原本体重150磅的鲍威尔瘦到只有75磅,以至于认识他的贾迪纳医生(Dr. Gardiner)在检查完他的病情后开玩笑说,他很像一次长期绝食后的印度圣雄甘地。

1942年8月,经过美方和鲍威尔好友的不断营救,日军也担心鲍威尔死在监狱可能会给他们带来麻烦,故而同意让他登上瑞典籍邮轮"重生号"(Gripsholm)。至此,鲍威尔总算通过日美间交换战俘的方式踏上回乡的路程。

因伤势过重,鲍威尔回国不久被截去双腿,他在对日斗争的英勇表现得到中美两国新闻界的尊重。1946年,鲍威尔受美国军方邀请,前往东京参加对日战犯的审判。

1947年2月28日中午,在一次密苏里大学校友会上,刚做完演讲的鲍威尔突然辞世,享年60岁。

二、埃德加·斯诺:我热爱中国

《重返中国》的作者、埃德加·斯诺日后的第一任妻子海伦·福斯特,特别回忆了1931年她刚来上海的情况:

"我们一块儿住上了美国在东方的最富有历史意义的旅馆——古老的礼查饭店,这是美国的一艘早期快船的船长建造的。"[14]

海伦所住的上海礼查饭店，是美国在华第一大报——《密勒氏评论报》的福地，创办人密勒和他的继任者鲍威尔先后在此长住。不仅如此，她的丈夫，日后写出名满天下的《红星照耀中国》的埃德加·斯诺，曾是《密勒氏评论报》的助理编辑，也曾在1928年入住过礼查饭店。

（一）
少年埃德加·斯诺

埃德加·斯诺，生于1905年7月19日，他在美国密苏里州堪萨斯城长大。

他的祖父霍勒斯·帕克斯·斯诺，是个有钱阔佬。"他的农场从肯塔基州不断向西扩展，他用从土地上挣来的钱，在堪萨斯州温菲尔德的主要街道上建了一家百货店。到他去世的时候，三个州的土地上都有了他的农场。他能用他在银行里的存款利息抵销他每年的开支。"[15]

他的父亲詹姆斯·埃德加·斯诺，1873年生于肯塔基州。为寻找工作，他来到密苏里州堪萨斯城。在那里，他遇见了安娜·埃德尔曼，并于1899年6月娶她为妻。詹姆斯·埃德加·斯诺的事业，就是用自己小印刷厂，为《堪萨斯明星报》等做商业印刷，当时的小斯诺，常常在父亲的印刷厂里帮忙干活或走街卖《星期六晚邮报》。也许印刷厂里一堆堆的书报，开启小斯诺的"文学之窗"，读到中学的埃德加·斯诺，还创办了一份兄弟会报纸《德塔》。[16]

冒险是埃德加·斯诺的天性。1922年的一个夏天，17岁的斯诺和两个男孩，就乘着一辆黑色T型福特车，向加利福尼亚进发。当他们餐风露宿地来到洛杉矶时，几乎身无分文。"他们的钱用光了。那辆残破的汽车，一路上一直靠着一只有划痕的汽缸缓慢行驶，被他们卖了95美元。"

返程路上，斯诺他们扒免费的火车，还在牢房里过了一晚，甚至在堪萨斯州，"专门在收获季节劫掠的匪徒们抢走了斯诺的50美分和车上农业季节工人们的夏季工资"。[17]

少年时代的冒险旅行尝试，为埃德加·斯诺日后成为一名"世界公民"，埋下了伏笔。

（二）
斯诺与上海《密勒氏评论报》

1928年7月3日的一个星期五，埃德加·斯诺抵达上海，他眼里的上海是在这样的：

> 有一半是赤身露体的苦力，他们用颤颤悠悠的扁担挑着沉重的货物，小跑着从令人生畏的印度巡捕身边走过。坐在锃亮的奥斯汀牌汽车里的英国人在马路上与人力车抢行。到处都悬挂着写有中国字的招牌、横幅和旗子，只有在外国人管辖的沿江一带见不到。那一带的深灰色石头建筑物是欧洲式的，高高地俯视着黄浦江。

穿过英法租界间的爱多亚路(现延安路)，斯诺走进了上海外滩的这条街4号的大北电报公司大楼第六层，径直来到《密勒氏评论报》办公室。

斯诺把密苏里的沃尔特·威廉写的一封介绍信，给了《密勒氏评论报》主编J·B·鲍威尔。后者给了斯诺"广告经理助理"这个职位，每月工资180美元左右。多年前，作为"密苏里帮"的老大——沃尔特·威廉，也是同样用介绍信，把鲍威尔介绍给住在礼查饭店

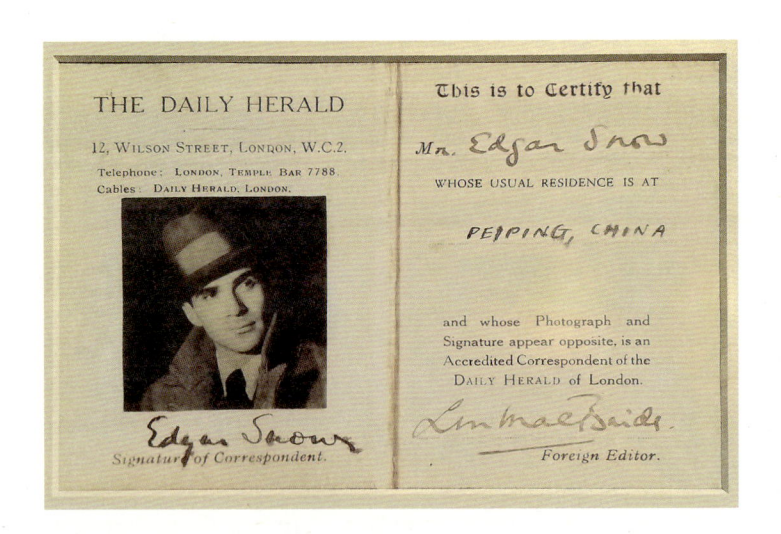

斯诺当时去延安的护照

的密勒。

应该说,埃德加·斯诺对广告业务挺在行的,很快,"在南京,斯诺从国家注册局得到了一份为期十二个月的广告合同",他担任《密勒氏评论报》广告经理助理的头几个月里,"广告的数目比原先增加了一倍,达到每周20页。鲍威尔除了把《密勒氏评论报》交给斯诺管理之外,还给了他一个助理编辑的头衔。让他接替《芝加哥论坛报》的工作,更提高了他的声望。之后,斯诺除文学作品刊登在《密勒氏评论报》外,还作为自由撰稿人,为《堪萨斯城邮报》《纽约先驱论坛报》写稿。渐渐,埃德加·斯诺的报道,引起了新闻同行的关注。

斯诺写作有天分,经营报纸又得法,鲍威尔很欣赏他,来中国的第二年,斯诺就"荣升"为《密勒氏评论报》代理主编兼《芝加哥论坛报》驻当地记者。

（三）
《红星照耀中国》震动世界

1936年6月，已在中国待了八年的美国记者埃德加·斯诺，一直有个疑惑：在国统区报纸层出不穷地报道红军暴行的情况下，却有成千上万的农民、工人、学生踊跃参加红军，这种鲜明反差的背后肯定蕴藏着一场伟大的运动。所以，他逐渐对国民党的宣传报道和丑化共产党的传闻产生了质疑。

为此，斯诺要到"中华天朝"的腹地亲眼看一看"红色中国"是什么样子，去探询中国西北的重大新闻，他想冒险去陕北采访毛泽东、周恩来等中共领袖。

宋庆龄细心地安排了斯诺到陕北红区的访问，她通过秘密渠道，将中共北方局负责人刘少奇写给毛泽东的一封密信交给斯诺，并安排他与前往苏区的黎巴嫩籍医生马海德同行。斯诺带着刘少奇的密写信，揣着宋庆龄给他的联络信物（半个英镑纸币），开始了陕北的神秘之旅。

斯诺在见到毛泽东等中国领袖前，有些忐忑，细致罗列了120多个问题，例如：

"中国共产党人究竟是什么样的人？他们同其他地方的共产党人或社会党人有哪些地方相像，哪些地方不同？旅游者问的是，他们是不是留着长胡子，是不是喝汤的时候发出咕嘟咕嘟的响声，是不是在皮包里夹带土制炸弹？"[18]

"共产党怎样穿衣？怎样吃饭？怎样娱乐？怎样恋爱？怎样工作？他们的婚姻法是怎样的？"[19]

斯诺到保安不久，终于见到了毛泽东。

"他是个面容瘦削，看上去很像林肯的人物，个子高出一般中国人，背有些驼，一头浓密的黑发留得很长，双眼炯炯有神，鼻梁很高，颧骨突出，我在一

1939年4月24日《申报》上发布的斯诺《西行漫记》增订本广告

1939年5月23日《新闻报》报道印《西行漫记》被查抄

《红星照耀中国》，最早在中国发行时，名字为《西行漫记》

刹那间所得的印象，是一个非常精明的知识分子面孔。"[20]"毛泽东是一个令人极感兴趣而复杂的人，他有着中国农民质朴纯真的性格，颇有幽默感，喜欢憨笑，甚至在说到自己的时候和苏维埃的缺点的时候也笑得厉害。""然而毛泽东还是一个精通中国旧学的有成就的学者。他博览群书，对哲学和历史有深入的研究，有演讲和写作的才能，记忆力异乎常人，外表落拓不羁，精力过人，不知疲倦，是一个颇有天才的军事和政治战略家。"短短的几天观察，斯诺对毛泽东做出了如此准确的判断。

1936年7月16日，毛泽东首次接受他的访谈，并连续作了几次彻夜长谈。毛泽东指点江山，纵论天下时事，斯诺仔细询问，探究根底，奋笔疾书。一个是以冒险为天性的密苏里人，一个是爱吃辣椒的湖南人，从此交上了朋友。这次交往，成就了斯诺一生非凡的事业，把他推上了一位新闻工作者渴望达到的辉煌的顶点。

1936年10月12日，斯诺带着"他的红军帽，两枚在江西苏区铸造的、一个参加过长征的战士送的铜币和一个黑色玉制鼻烟壶"[21]，告别苏区。10天后，他回到北平。斯诺访问苏区的消息已惊动了中外新闻界。本来，外界以为斯诺被处决，美联社发的电讯竟然称："斯诺落入'赤匪'手中。他正在笔记本上记述他们的情况时被捕并被处决。"[22]

之后，由鲍威尔主持的《密勒氏评论报》以及《纽约时报》《太阳报》《生活杂志》、《亚洲》双月刊、《新共和》周刊、《星期六晚邮报》相继发表了斯诺的访谈系列报道和照片。共产党领导的苏区消息和见闻立即轰动西方世界，埃德加·斯诺由此一举成名。

1937年，斯诺将他的采访集中为一本书，定名为《红星照耀中国》，首先在英国戈兰茨公司出版。第一个月就再版3次，销售量达10万册。1938年1月，美国兰多姆公司继后出版。这本揭开中国共产党神秘面纱的书立刻在美国大受欢迎。通过斯诺的笔，毛泽东和中国共产党也冲破新闻封锁造成的重重迷雾，以爆炸性的新闻震动世界。

对《红星照耀中国》的成功，斯诺自己很谦虚，他

在1938年中译本作者序里,特地写道:

> 从字面上讲起来,这一本书是我写的,这是真的。可是从最实际主义的意义来讲,这些故事却是中国革命青年们所创造、所写下的。这些革命青年们使本书所描写的故事活着。所以这一本书如果是一种正确的记录和解释,那就因为这是他们的书。[23]

三、周恩来:礼查饭店的"隐蔽"往事

1973年9月17日,周恩来总理陪同法国总统蓬皮杜登临外白渡桥旁的上海大厦,俯瞰上海市容,谱写了中法外交新篇章。这是周恩来生前最后一次来到上海。

那一天上午,周恩来早早来到上海大厦十四楼,等候外宾。负责外事工作的同志向周总理汇报说,外宾车队还没有从锦江饭店发车。这样,周恩来得以在休息室小憩片刻。

周总理喝了几口茶后,便与身边工作人员来到休息室外的露台,远眺苏州河、黄浦江。

让我们把时光的指针拨回1927年。

这年5月上旬,上海苏州河畔的礼查饭店3楼一个房间,入住了一对20多岁的年轻夫妇,他们就是周恩来和邓颖超。"隐蔽"礼查饭店一段时间后,1927年5月下旬的一个晚上,周恩来在一位地下交通员的陪同下,悄悄来到距离礼查饭店1000米之外的黄浦江上的公平路码头,登上了一艘西行武汉的英国轮船。周恩来在这个轮船的三等舱里,两天没有出来。同船有中共武装人员随行保护。据说过芜湖时最为紧张,直到到了长江江面的九江境内,周恩来才换上便装,走出舱房到甲板上透气。5月底,周恩来终于安抵武汉。两个月后的8月1日,周恩来领导的南昌起义爆发了![24]

在如今的中国证券博物馆，也是过去的浦江饭店的311客房，常年布置着"周恩来红色足迹展"，这间不大的客房，图文并茂，物件摆设尽可能还原了周恩来、邓颖超夫妇那时"隐蔽"在礼查饭店的情形。

周恩来的侄孙女周蓉女士，自幼在外滩金陵东路附近长大，曾工作在浦江饭店所在的黄浦路，对浦江饭店很有感情。1998年9月，浦江饭店加入国际青年旅舍联盟后，她曾去饭店看望住在那里的国外朋友。看到昔日的礼查饭店、如今的中国证券博物馆，常设"周恩来红色文化展"，作为周恩来后人，周蓉女士表示，弘扬周总理精神就是对伟人最好的怀念。

周蓉女士（左1）在中国证券博物馆311客房的"周恩来红色足迹展"，左2为浦江饭店的叶跃群先生，右1为浦江饭店的林海音女士（肖可霄摄）

四、周祥生："上海出租车大王"

在老上海，"上海出租车大王"周祥生家喻户晓，但很少有人知道，周祥生起家，与礼查饭店有关。

1895年9月16日，周祥生在浙江定海南门外周口店一户人家出生。为了新生的儿子能光大门楣，有个似锦前程，父亲周贵世用"锡杖撬开地狱门"的前两个字为他取名锡杖，乳名阿祥。后来，一外国友人给他取了英文"Johnson"。后来当周祥生筹备开张的车行需要一个响亮名号时，便根据"Johnson"音译，给自己车行取"祥生"之名号。

由于家境贫困，1907年，周锡杖读了三年私塾就被迫辍学，背起包裹来到上海投靠叔婶，当时才13岁。

周锡杖在上海的前三份工作，都不顺心：先到一家葡萄牙人家中做帮工。次年他又到石牌楼（今淮海中路尚贤坊）一家小饭店做杂工，可惜这家小饭店经营不善，没多久，倒闭了。1909年，他入法侨日南楼当学徒。三年后，他18岁那年，经礼查饭店餐厅部领班也是他的姑丈许廷佐介绍，好不容易进入礼查饭店当侍应生。

周锡杖珍惜这份工作，他察言观色，待人殷勤，饭店客人外出常常吩咐周锡杖叫车，他总是奔到饭店外马路对面转角处出租汽车停靠的地方，热情地把车子叫来，这样饭店客人高兴，出租司机高兴，车行老板也高兴，礼查饭店老板和客人都喜欢周锡杖，常常奖励他小费。

周锡杖成天和饭店的洋人打交道，深感英语重要性。于是，他努力学习英语。他妻子曾对儿子回忆说，她有时半夜醒来，发现丈夫还在学英语。几年坚持下来，周锡杖能够和外国人进行一般的英语交流。

据周祥生自己写的《祥生公司起家和发展》一文所述："1919年在礼查饭店当西崽时，一次偶然的机会拾到一笔卢布，兑得银元500多元， 又向岳母借了一部分，凑

周祥生

周祥生与儿子周惠定在自家院子

第五章　　　　　　　　　名人留踪　145

20 世纪 30 年代的祥生汽车

祥生汽车车队

满600元后,向英商中央汽车公司以车900元购买了一辆日本制'黑龙牌'的旧汽车,当时先付车款600元,尚欠300元。与卖主商定待营业收入后分期偿付,开始经营出租汽车的生涯。"

1919年,拥有人生第一辆汽车后,不会开车的周祥生雇用了一名叫徐阿弟的司机,自己随车当助手,兜揽生意,开始了"出租车"事业之旅。

此后,周祥生经营得法,终于成为上海出租汽车行业的名人。

五、周瑞庭：周瑞记创始人

曾承建礼查饭店营造工程的周瑞记创始人——周瑞庭（1869—1949），字名莹，上海浦东高桥周家浜人。周的父亲是木匠，家境贫困，周幼时读过私塾，11岁到上海学习木匠手艺，19岁时做到木工挡手，先后在杨斯盛等手下承包工程。清光绪二十一年（1895），周瑞庭自立门户，开设周瑞记营造厂，为上海早期知名营造厂之一。

浦东有个"三刀一针"，就是泥刀、菜刀、剪刀和一根绣花针，是浦东重要的文化遗产。其中泥刀，是泥木工匠的统称。高桥的泥刀在20世纪初到抗日战争以前，创造了辉煌业绩。近代，高桥人勇闯上海滩，成为占据上海营造业半壁江山的浦东帮的主力军。据统计，外滩"万国建筑博览群"20多幢高楼大厦有三分之一出于高桥工匠"泥刀"之手。周瑞庭是其中优秀代表。

除了礼查饭店，周瑞记营造厂在上海建造的重要工程有：外滩扬子保险公司大楼（现桂林大楼）、俄罗斯公馆（现俄罗斯领事馆）、新闻报馆（现解放日报社）、杨树浦发电厂一期工程、四行储蓄会虹口区分会大楼、敬业中学、圣三一堂翻建及乍浦路桥等。

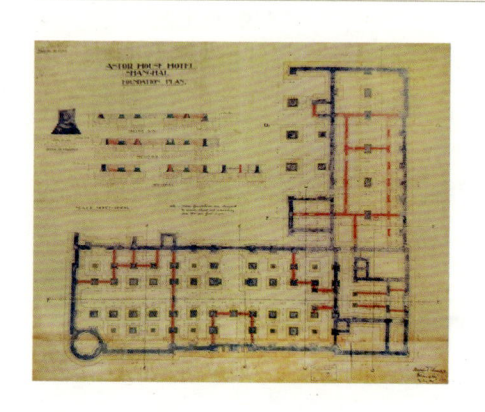

礼查饭店建筑图纸

20 世纪 30 年代的礼查饭店

2015年的浦江饭店三楼中庭（肖可霄摄）

六、张爱玲父亲与后母订婚之地

20世纪30年代的礼查饭店，名人权贵能以在此举办婚宴，为时尚荣耀。像顾维钧之侄公子，与苏州张女士在礼查饭店完婚；[25]桂系巨头之一黄绍竑之妹，与留美桥梁学

孔雀厅内景（楼定和摄）

工程硕士王元康在礼查饭店结婚。[26]

1931年的5月，礼查饭店孔雀厅里迎来一对特殊的新人：张爱玲的父亲张志沂、后母孙用蕃。一个是李鸿章的外孙，一个是大总理孙宝琦的女儿，门当户对。他们在孔雀大厅举行了盛大的订婚仪式。

彼时张爱玲，10来岁吧，她没有出席孔雀大厅内的父母订婚仪式。

七、尉文渊：我在浦江饭店筹建上交所

2020年的金秋，笔者约请到原上海证券交易所首任总经理尉文渊，来到外白渡桥畔的中国证券博物馆，也是过去的浦江饭店。

在过去浦江饭店"上海早晨"桌面旁，尉文渊风轻云淡，回忆他三十年前在此筹办上海证券交易所的场景。

（一）

跑遍黄浦外滩大厅，情定虹口浦江饭店孔雀厅

尉文渊出身于军人家庭，7岁到上海，家在普陀区，15岁就去新疆伊犁当兵。恢复高考后，他考入上海财经大学。毕业后，他到正在组建中的国家审计署工作，不久便当上副处长，32岁时，又被提拔为审计署人教司处长。他的老师、原上海财大副院长、时任人民银行上海分行行长龚浩成对他十分欣赏，于是，1989年11月，尉文渊被调到人行上海分行金融行政管理处当了正处级的副处长。

1990年6月，在海外访问的时任上海市长朱镕基向全世界宣布，上海证券交易所将于年内开业。只有半年的时间表，这让筹备交易所的人民银行上海分行措手不及。这时候，刚调来不久的尉文渊，主动请缨筹办交易所。就这样，国家大局与个人境遇，浦江饭店与上海证券交易所，便微妙联结在一起。

三十年前，尉文渊正好35岁。他筹建立上海证券交易所的首要职责，就是寻觅到合适的证券交易所场地。早先，因上级领导的要求，希望证券交易所的场地在"黄浦区外滩附近"，为此，尉文渊顶着烈日，用双腿把整个黄浦靠近外滩的大厅都跑遍了，像汉口路民国时期上海证券交易所旧址、黄浦江和苏州河沿岸的旧仓

库，北京东路的火车站售票大厅和金陵东路的船票售票大厅，甚至去苏州河畔的上海邮政大楼大厅实地考察，都失望而归。

眼看时间来不及了，尉文渊正焦虑着，正巧熟人把上海大厦一位副总经理介绍过来，说有一大厅可能较合适做交易所场地。

尉文渊心里在嘀咕：上海大厦就一饭店哪有啥大厅？但碍于熟人推荐，他就心急火燎从十六铺码头人民路办公地，一路小跑到上海大厦。那位上海大厦的副总经理，把尉文渊径直带到隔壁的浦江饭店（那时，浦江饭店隶属于上海大厦）。刚踏入浦江饭店孔雀厅时，尉文渊感觉孔雀厅——"大圆桌，白台布，大厅就是一旅游餐厅嘛。上面的穹顶都破了，弥漫着老旧的感觉，就像是普通的招待所。"再定睛细看，那几根汉白玉柱子，看不出原来的面貌，几乎成为"黄白玉"。

接下来，身处嘈杂的孔雀厅，尉文渊静静呆了会，细细体会后，他觉得"这个孔雀大厅，有富贵的底子在，好像是老妇人，雍容华贵，依然看到年轻时的美。"他心有所属，选定孔雀厅。

之后，尉文渊向上级领导汇报。虽然这个地点不符合当时的要求——"黄浦区外滩附近"，可处在虹口区外白渡桥畔的浦江饭店，纵览外滩，孔雀厅场地硬件较好，是很不错的选择，于是上海证券交易所便定在了浦江饭店孔雀厅。

（二）

上交所定下浦江饭店，1年租金200多万元

经数轮谈判，上海证券交易所除租下浦江饭店孔雀厅外，还连带租用二楼作为第二交易厅，以及租用附属办公场地等，"一年租金200多万元"。

1992年，邓小平南方谈话后，中国证券市场越发火热。后来，到交易所的人流太多，太杂，便在孔雀厅中间隔了玻璃墙，左半部是交易大厅，右边是饭店大堂。高峰时，上海证券交易所还在后面的青浦路，租了4个仓库做交易大厅。因为浦江饭店、上海大厦、海鸥饭店，都在一个街区，无论是中午还是晚上，"满街都是红马甲"，黄浦路被称为"证券街"。尉文渊称：浦江饭店是中国资本市场的原点。

有关开业的两个小插曲，尉文渊记忆犹新。

第一，"乌龙"闹出黄马甲。

曾在南通狼山鸟瞰风景的尉文渊，对田野跳动的稻田色块，情有独钟。为此他们团队在设计时，定下孔雀厅偏冷的主色调，但要有红地毯、红马甲作为暖色调点缀。

"可是负责服装的同志去买布做马甲的时候，看黄颜色比红颜色好，就自己擅自决定买了黄布。我认为原来是因为颜色太淡才用红的，这么一改，不整个把事搞反了吗？结果重新买了红布做马甲。交易所开业时，因为已经做了几件黄马甲，临时决定管理人员穿黄马甲。于是全世界的证券交易所里，只有中国有红黄马甲之分。"尉文渊如是说。

第二，那面开市锣，市价600元。

尉文渊看电视报道时，觉得国外开市敲钟很有仪式感，于是定下上交所用敲锣来开市。大家就满上海地找。一开始找来是锣鼓队用的那种锣，脸盆那么大、很单薄，敲上去的声音，都没法听。后来，在城隍庙花600元找到的那个铜锣，直径七八十公分，中间的部分鼓出很大一个疙瘩，往上一敲声音嗡嗡不绝，挺浑厚。它就成为中国股市第一锣了。

1990年12月19日，孔雀厅二楼，忙碌了五六个月正发高烧的尉文渊，用力敲响了它。后来，因早市开锣晚市开锣，流于形式，加之有了电脑屏幕自动显示等，尉文渊就停止了"开市锣"。

如今这个被中国证券博物馆作为宝贝的"开市锣"（当年的备用锣），陈设在孔雀厅一楼展厅里。

（三）
尉文渊创办中国第一张证券报

为用公众传媒教育传播证券知识，1990年初夏，上海证券交易所还在筹建之时，刚刚接手上交所工作千头万绪的尉文渊却先去了上海媒体的办公室，提出想尽快办一份证券报。然而，那时候若想要办报纸，取得新刊号很难，更不用说是敏感的证券类报纸了。

1991年4月，上交所终于创办了内刊《上海证券》，也就是《上海证券报》的前身。那时《上海证券》是每周一期的对开大报，首期印了5000份，结果星期六清晨一出版，就在浦江饭店门口，被股民们一扫而

30 年前的工作照（尉文渊提供）

光,短短几个月后发行量就超过了十万份。

股民们最看重的是《上海证券》的头版头条,和第四版的《市场一周专栏》。编辑们通常是在每周五股市收市后,开始讨论头版文章的内容,而最终的题目,大都是由尉文渊亲自拍板决定的,由此,股民们就能透过报纸获悉交易所一线管理层的声音。

《上海证券》一时洛阳纸贵,内刊被抢疯了,甚至出现了黄牛,杭州、宁波、南京都是拿火车来载报纸回去。于是,尉文渊就跟新华社合办了《上海证券报》。当时,每天早上空运200份报纸去西藏,让西藏投资者也能第一时间看到这份报纸。

从专刊一直到公开出版的上海证券报,尉文渊始终担任总编辑,重要的文章一定要送他审阅,直至他1995年离开交易所。他说,在黄浦路浦江饭店门口一边卖报,一边听股民读者发发议论,是他一早上班最喜欢做的事情。

八、胡升阳:我在孔雀厅做"红马甲"

"现在,我回想起来,1990年我在浦江饭店孔雀厅做'红马甲'的经历,像一场梦!"2018年的一个下午,外滩的一家五星酒店,胡升阳先生喝了一口咖啡,悠悠对我说。

胡升阳,一家咨询公司创始人,中国酒店行业的老法师,理性的他,就上海证券历史做了简述:

"我们上海的证券历史啊,就像《上海滩》所唱的——浪奔浪流了,万里涛涛江水永不休,在中国证券历史发展过程中,上海证券一直走在大浪的前方。

"早在1859年,美商琼记洋行定造轮船,在第一艘轮船'火箭号'10万元的造价中,就在上海向中国人募集的1万元股份。1877年,洋务运动期间,上海推出了第

胡升阳在孔雀厅留影（肖可霄摄）

一只华人自己的股票，官督商办的轮船招商局发行了37万多两银子的招商股。

"1984年在上海诞生新中国第一部关于股票的法规《关于发行股票的暂行管理办法》；1984年在上海发行新中国第一只公开发行的股票——飞乐音响；1986年9月26日，全国第一家证券柜台交易点——静安证券营业部，在上海开业；1988年3月，国务院正式批准国库券可以上市流通，第一批试点在上海和深圳等7个城市进行。"

在胡升阳看来，无论是外商证券市场还是华商证券市场，从1840年至1949年，上海都是近代中国历史最长、规模最大、最典型的证券市场。

"当然，最值得一谈的是，1990年11月26日，经国务院授权，由中国人民银行批准，上海证券交易所在浦江饭店正式成立，同年12月19日，上海证券交易所在饭店二楼的礼查厅正式举行开业典礼。那一声开市锣，宣告了中国资本市场的起步。"

1990年上海证券交易所在浦江饭店开张后，年轻的胡升阳，就在孔雀厅做起了人生第一份工作"红马甲"，每天与外白渡桥、上海大厦还有浪花起伏的黄浦江、波澜起伏的金融数字，打起了交道。

仿佛是与当年在浦江饭店孔雀厅当"红马甲"的职业经历相呼应，如今胡升阳的咨询本业就是酒店，浦江饭店孔雀厅的恢弘大气，是他一生最难忘的回忆。

九、王臻：印象最深的是"名人客房区"

王臻有个宏大目标：要将上海浦江饭店在内的、1058处挂牌的上海市优秀历史建筑，用"海派方式"留存下来，把它们搬上"海上砖"。

从礼查饭店到浦江饭店，到上海证券交易所，再到如今的中国证券博物馆，虹口区苏州河畔的、这栋170多年的外滩建筑，历经风雨，有着太多的故事。

自踏入这栋建筑后，王臻对它印象最深的是"名人客房区"。

王臻说："我对浦江饭店印象最深的是它拥有挑空中庭的名人客房区，和其他公共区域相比，这里更加原汁原味，更有历史场景感。另外，浦江饭店有许多个引领上海滩的'第一'是令人难忘的，上海最早的商业旅馆、上海最早亮灯的酒店、上海第一个放映电影的酒店，等等。另外近期了解到的，1927年周恩来伉俪在礼查饭店的惊险隐身和撤离的故事，也印象深刻。"

"对于浦江饭店，我个人很好奇也期待的是，这栋建筑在满足证券博物馆的所需功能之后，有没有可能恢复部分的传统酒店业态？这样做对于管理上可能有挑战，但好处也是显著的：一是这栋以酒店业起家的建筑将得以延续其最初的使命；二是对建筑本身和她所承载的历史的尊重，时间是历史建筑的重要价值，无法用金钱来衡量；三也是市场性的考量，我相信恢复酒店业态会使该建筑对于公众更加有吸引力。"

王臻为浦江饭店设计的封面（王臻提供）

王臻先生在浦江饭店（肖可霄摄）

注 释

1. 【美】鲍威尔著，邢建榕、薛明扬、徐跃译：《我在中国二十五年:〈密勒氏评论报〉主编鲍威尔回忆录》，上海书店出版社2010年版，第1页。
2. 【美】鲍威尔著，邢建榕、薛明扬、徐跃译：《我在中国二十五年:〈密勒氏评论报〉主编鲍威尔回忆录》，上海书店出版社2010年版，第7页。
3. Mary Powell, *John Benjamin Powell——Enemy Number One*,John B. Powell Papers(Collection 3662), Folder 171, Western Historical Manuscripts Collections of Missouri University.
4. Mary Powell, *John Benjamin Powell——Enemy Number One*, John B. Powell Papers(Collection 3662), Folder 171, Western Historical Manuscripts Collections of Missouri University.
5. John B.Powell.*My Tenty.Five Years in China*,New York:The McMillan Company,1945 ,p2.
6. 【美】鲍威尔著，邢建榕、薛明扬、徐跃译：《我在中国二十五年:〈密勒氏评论报〉主编鲍威尔回忆录》，上海书店出版社2010年版，第9页。
7. Editorial Paragraphs, Millards Review, Vol 1, No 1, June 7,1917.p5.
8. 在密勒主笔初期，刊物英文名称分别Millard's Review, Millard's China National Review 和 Millard's Review of the Far East；鲍威尔主笔期间，刊物名先后改为The weekly Review of the Far East, The weekly Review和The China Weekly Review。小鲍威尔恢复办刊后沿用了The China Monthly Review。在这些英文名称当中，使用时间最长的是The China Weekly Review。这一名称也广为外国读者所接受。然而，刊物始终沿用了一个中文名称——《密勒氏评论报》。
9. Paul K. Whang, *Mei Lan-Fang and His Trip to the United States*, The China Weekly Review, Vol.51, No.6,Jan.11, 1930, p.214.
10. *Ma Chang Invented in China Spreads All Over the World*, The China Weekly Review, Vol.25, No.5, Jun.30, 1923, supplement, pp 1-8.
11. 郑保国：《〈密勒氏评论报〉：美国在华专业报人与报格（1917—1953）》，北京大学出版社2018年版，第36页。
12. 【美】鲍威尔著，邢建榕、薛明扬、徐跃译：《我在中国二十五年:〈密勒氏评论报〉主编鲍威尔回忆录》，上海书店出版社2010年版，第310页。
13. 鲍威尔写给女婿斯图亚特·亨斯利（Stewart Hensley）的信，JBP Collection(C3662), Folder 1, Western Historical Manuscripts Collections of Missouri University.
14. 【美】海伦·福斯特·斯诺：《重返中国》，中国发展出版社1991年版，第3页。
15. 【美】约翰·汉密尔顿：《埃德加·斯诺传》，辽宁大学出版社1990年版，序言第8页。
16. 【美】约翰·汉密尔顿：《埃德加·斯诺传》，辽宁大学出版社1990年版，序言第9页。
17. 【美】约翰·汉密尔顿：《埃德加·斯诺传》，辽宁大学出版社1990年版，第13页。

注 释

18, 【美】埃德加·斯诺：《红星照耀中国》，人民文学出版社2016年版，第3页。
19, 【美】埃德加·斯诺：《红星照耀中国》，人民文学出版社2016年版，第6页。
20, 【美】埃德加·斯诺：《红星照耀中国》，人民文学出版社2016年版，第69页。
21, 【美】埃德加·斯诺：《红星照耀中国》，人民文学出版社2016年版，第73页。
22, 【美】约翰·汉密尔顿：《埃德加·斯诺传》，辽宁大学出版社1990年版，第74页。
23, 【美】约翰·汉密尔顿：《埃德加·斯诺传》，辽宁人学出版社1990年版，第75页。
24, 【美】埃德加·斯诺：《红星照耀中国》，人民文学出版社2016年版，第8页。徐有威，《文汇学人》，2016年7月14日。
25, 《晶报》1932年12月9日。
26, 《上海画报》1931年12月3日。

ASTOR HOUSE

6

浦 江 饭 店

第六章 浦江饭店的意义

一、礼查饭店是上海第一家面向国际旅客的现代化旅馆

旅馆，是向旅客提供食宿服务的场所，无论中国还是西方，均古已有之。

我国商代已有旅馆出现。《周易》中的旅卦，便是针对商旅而言。其九三爻云"旅焚其次，丧其童仆"，说的是商贩所居旅馆被火烧了，失去其童仆。其他需卦、随卦等，多有关于旅行的内容。西周驿道漫长，沿途设置庐、宿、市等备膳供宿设施。《周礼》称："凡国野之道，十里有庐，庐有饮食；三十里有宿，宿有路室，路室有委；五十里有市，市有候馆，候馆有积。"庐、室、馆便是不同等级的旅馆。周秦以后，旅馆业更为发达。《左传》有云："缮完葺墙，以待宾客"，就是强调改善旅馆的硬件设施。成语"宾至如归"的出处，便与旅馆直接有关[1]。隋唐以后，特别是宋代以后，由于商品经济发达，城市发展，带来旅馆业空前繁盛，官办的馆驿、民营的客店，都很兴旺。

欧洲旅馆历史也相当悠久。古希腊、古罗马都有众

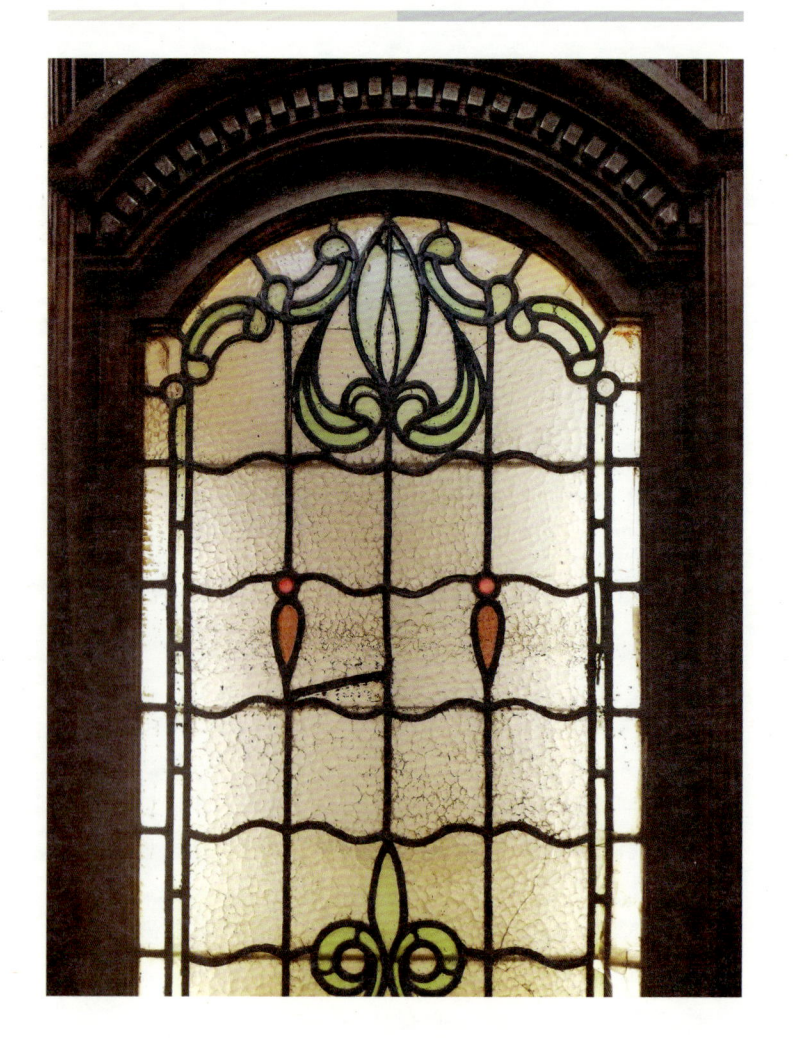

饭店内部彩色玻璃（肖可霄摄）

浦江饭店露台(肖可霄摄)

饭店内部窗棂(肖可霄摄)

多旅馆设施。公元前5世纪，古希腊主干道的两旁，城镇、码头或城市中心地段均设有客栈，其建筑标志明显，中间是正方形或长方形院子，四周是两层楼高的狭长房屋，分隔成许多小间。房间门朝院开，客人由大门进入院子，然后进入房间。罗马帝国时期，驿站面积一般都比较大，设施齐全。店内有餐厅，提供各种美食，也有餐后甜点。驿站设有停车场，专为马车服务，有人专门喂马。15世纪的英国，重要城市边缘均有客栈，规模大的可备几十间客房，分为客房、酒馆、马厩和庭院四个部分。

无论中国还是欧洲，近代以前，总体说来，旅馆规模多比较小，设施也比较简陋。大型的、设施考究、功能齐全的现代化旅馆，兴起于近代。英国工业革命以后，生产力大幅度提高，火车等现代交通业的迅猛发展，人口流动量空前加大，人口移动距离大为扩展，旅馆业快速发展。据记载，仅英格兰和威尔士两地，1577年有客栈1960家，到16世纪末，英国客栈已增加到6000多家。客栈规模越来越大，有的客栈客房数多达40间，索尔兹伯里的部分客栈已能容纳548个客人和865匹马，其设施也日趋豪华。1838年、1839年，伦敦相继出现两家豪华酒店，即切尔滕纳姆酒店与尤斯顿酒店，均以高贵堂皇著称，成为当时美国酒店业仿效的对象。1845年，英国已出现世界上第一家国际旅行社。

所谓国际性、现代化旅馆，至少包括以下四个功能：第一，具有一般旅馆的功能，诸如住宿、饮食、安全三项基本保障；第二，设施考究，周边环境优越，建筑材料、房间设备都精致华美；第三，能够接待不同国家与民族旅客，能够满足旅客不同方面的要求，包括对于房间（大小、单间抑或多人间、卫生状况）、饮食（西餐、中餐抑或素食）、娱乐的要求；第四，能够提供多方面与旅行有关的需求，如出租车辆、订票、旅游

浦江饭店建筑（肖可霄摄）

指南等。

礼查饭店就是在这样国际背景下，受欧美国际化、现代化旅馆影响兴建起来的，也随着上海国际化程度的不断增强，服务能级不断提升。

对于上海城市来说，礼查饭店以下三个特性相当突出：一是公共性，它不是某一民族、某一行政实体、某一团体所独占，而是面向所有旅客开放，接待欧美游客、日本游客，也接受中国游客。1927年，周恩来、邓颖超在"四一二"政变以后，之所以能够住进这里，关键因素就在于其公共性。二是庄重性，消费者花费同样的钱，在这里请客与在普通饭店请客，其感受就是不一样，原因在于这里以高档、考究著称，在这里宴请客人，平添一份庄重感。所以，张元济请客，会选择这里。沪江大学校友会宴请客人，会选择这里。张爱玲父亲办喜事，也会选择这里。三是地主性，或曰上海性。外地游客、外国游客来上海，入住这里，体验的是上海水准、上海服务、上海韵味，因为这里是上海的名片。上海本地居民，无论租界还是华界，在这里宴请外地、外国来宾，代表的也是上海身份。这里宾馆的硬件设施、服务水平、菜肴味道，这里的声望，都是与上海的名字联系在一起的。

1932年出版的《上海地产月刊》，对上海大饭店业做了归纳："旅馆事业可以表现一埠之繁荣状况及其生活情形，上海亦难逃此公例。据实际所查所得，上海之旅馆极能适合现代潮流。综其全体数目以观，实足以纳本埠之行者、居者而有余。吾人平时有'上海者，东方巴黎'之谚，尽亦以其旅馆之设备，无论为西式或中式，均为极完美，且包含各种娱乐，如音乐、跳舞、咖啡馆之类，无不尽善尽美……"

这个月刊，不仅评价了华懋饭店（现在的和平饭店）、都城饭店（现在的锦江都城酒店旗舰店）等当时

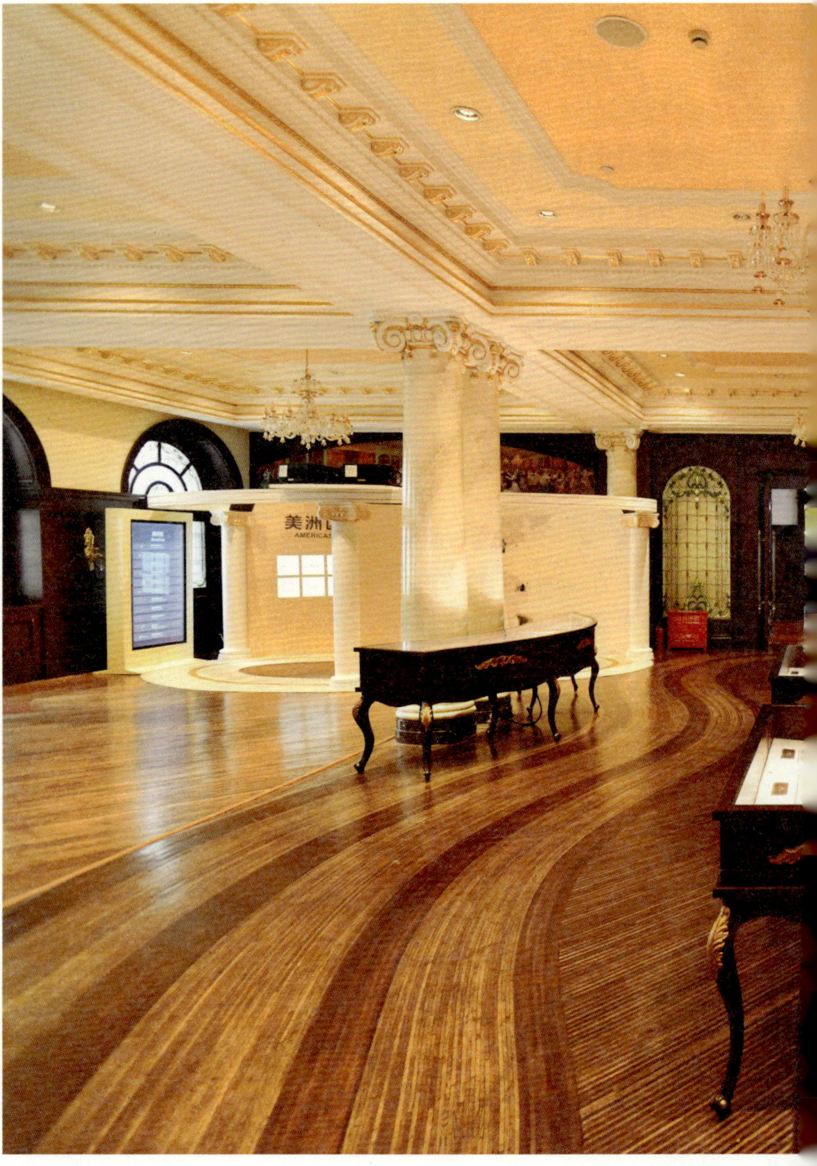
美洲
AMERICAS

礼查厅内景（楼定和摄）

上海一流大饭店外，还特地谈到礼查饭店："礼查饭店为上海最老饭店之一，位置在黄浦路外白渡桥侧。原先规模极小，嗣后随上海之进展逐步扩充，现在已能容纳巨数旅客，而以音乐优美、烹调适口见称于时。茶舞及晚餐后置跳舞尤为著名。"[2]

由此可见，正如丽兹酒店之于巴黎，礼查饭店之于上海，每个国际大都市，因有了经典大饭店，这个城市往往多了几分建筑传奇、人物故事、文脉遐思。

二、近代上海对外开放的"媒介窗口"

在历史的进程中，上海是个外延不断扩大的概念，从浦名至镇名，再为县名，最后为市名，皆源于黄浦江通海便利。[3]这个城市不靠皇帝，也不靠官吏，而只靠它的商业力量发展起来。

也正如熊月之先生所讲述的那样——近代上海由于国际国内多种因素错综复杂的作用，意外地成为中外利益共同体。由于租界的存在，欧美列强在这里有重要的经济利益、文化利益与政治利益，中国历代政府(从晚清、北洋政府到南京国民政府)，在这里也有重要的经济、文化与政治利益。[4]

上海浦江饭店（曾经的礼查饭店，如今的中国证券博物馆），所在的虹口北外滩，是上海一江一河融汇贯通之处，历史上就是上海现代文明的开埠之地和国际文化交流的大码头，更是海派文化的发祥地。码头文化、使馆文化与租界文化，既迥然有异而又相互包容，世界性与地方性并存，摩登性与传统性并存，它们鼎足而立，是华人观念从"夷场"过渡到"洋场"的一个重要标志，共同支撑起上海的地域文化。

旧上海时期的租界，是镶嵌在东方世界的一块西方"飞地"，礼查饭店则是这块"飞地"里打开近代上海对外开放的一扇"媒介窗口",作为中国第一家西式饭店,礼查饭店建于1846年,搬迁到苏州河畔另起新楼时为1860年,比上述世界大都市的早期经典旅馆,历史都要悠久。

资料显示,礼查饭店长期以来都是上海乃至全中国最早接受近代物质文明的场所,同时,也是在沪外国人社交活动的中心,有太多新鲜时尚的都市"第一次",都在这扇"媒介窗口"诞生。例如,上海第一批安装的15盏电灯中,礼查饭店就有4盏;上海第一次电影放映活动——爱迪生公司的电影机Animatoscope是在礼查饭店首次放映的;礼查饭店是上海城市第一批电话、自来水等的用户之一;礼查饭店的跳舞厅,引领了整个上海娱乐业的发展;难得的是,从上海城市发展脉络来说,礼查饭店因苏州河畔的外白渡桥,"搬家"两次,更写就了上海城市建筑和中国饭店史上的百年传奇。

开埠后的上海,最基本的秩序表现为两组二元对立:时间秩序上的古代与现代、空间秩序上的东方与西方。礼查饭店蕴含两种既对立又互补的空间因子,是上海近代开放的"媒介窗口"。

三、大饭店时代的"国际会客厅"

在长达近百年时光里,近代上海,是三个上海"合体"的一个城市——中国政府管理的华界、英美公共租界和法租界。这个三个地方各自为政、彼此独立。

礼查饭店所在的黄浦路,曾处美租界,周边是俄国领事馆、日本领事馆、德国领事馆、美国领事馆、瑞典领事馆、挪威领事馆等外国使馆。因地理位置、设施硬件,礼查饭店是中外"三界"都能接受的一个空间坐标。

查上海图书馆的"全国报刊索引",共有3076条数据是关于"礼查饭店"的,其中"正文"为2768条,"广告"为308条。最能体现礼查饭店"国际会客厅"的，是饭店接待萧伯纳、马可尼等诺贝尔奖得主的新闻；20多个国家的元首大使外交官等政府代表，曾把宴请接待或重要会议，放在礼查饭店。虞洽卿、盛宣怀、张元济、雅各布·沙逊、哈同、嘉道理、胡适等百多位中外名流，与礼查饭店有着渊源。很多新闻表明，多位上海官员都在礼查饭店接待重要国外来客。

如果说张园因公共集会等功能被称为"公共空间"的话，那么礼查饭店处在黄浦路经典"C位"，不仅是大饭店，还是一个政商大舞台、超级名利场，更是名副其实的"国际会客厅"。

四、一个中国建筑学的隐喻

回看礼查饭店的建筑，我们发现，它与时代链接的都是最重要的话题——权力、荣耀、记忆、身份。

以礼查饭店孔雀厅的建筑师——西班牙的拉富恩特为例，他才华出众，这可以从他的两位上海事业贵人一见端倪：

西班牙人、"上海影院大王"安东尼奥·雷玛斯（Antonio Ramos），把虹口大戏院等多个重要影院项目交给了拉富恩特，甚至把自己多伦路250号的私宅设计，也信任地托付给拉富恩特；嘉道理家族的香港上海大酒店公司，则从1914年到1926年，将旗下上海汇中饭店、大华饭店以及香港大酒店等著名豪华饭店装修设计，给了拉富恩特。最显著的案例是，拉富恩特先后两次承接孔雀厅的改造扩建设计（1917年、1923年）。可惜，1931年12月拉富恩特逝世上海时，享年60岁。他的同行邬达克比他幸运些，活到65岁，邬达克的建筑作品，像上海国际饭店、沐恩堂、大光明电影院、美商花旗总会、上海啤酒厂，已成为上海重要的建筑遗产，武康大

黄浦江畔（肖可霄摄）

2003 年的上海虹口北外滩（肖可霄摄）

礼查厅（肖可霄摄）

饭店建筑二楼局部（肖可霄摄）

浦江饭店
ASTOR HOUSE

中国证券博物馆三楼中庭展区（楼定和摄）

楼更成为如今的网红建筑。假如拉富恩特再长寿些,假如他设计的虹口大戏院、大华饭店等建筑不曾拆除的话,会不会是另外一个语境?

我们看到,上海北外滩黄浦路上,这栋从清朝晚期一路走来的小体量建筑,接待过从各国码头走下的头面人物,目睹过苏州河两岸的烟囱,一个接一个伸向上海的天空,它原本想针对城市的主流逻辑,发出一点儿不一样的声音,奈何明月照沟渠,时代背景多重合力,将它重新装扮,最终把这个"黄浦楼+金山楼+大名楼+中楼"的历史建筑叠加混合物,呈现为现在我们所看到的建筑范式。

再细细探究,正如尼采所说"建筑是一种权力的雄辩术",这栋始建于1846年的外滩老饭店——过去的礼查饭店,解放后的浦江饭店,曾经的上海交易所,现

2020年的孔雀厅内部(肖可霄摄)

2017年的浦江饭店木质楼梯（肖可霄摄）

在的中国证券博物馆,在长达近两个世纪的时间里,曾盘错于各种统治话语权平衡中,这家昔日大饭店的结果和原因,互相啮合。比起现在那些用CAD软件设计出的、闪着金光五星的酒店们,如今的礼查饭店,没有镀金的马桶,没有戴白手套的管家,没有米其林的餐食,可就是这种首尾相交的历史结构,是对线性时间结构下进化论的一个历史意外弹幕,也是当前建筑利用的最优算法。

我们身处一个倍速播放时代,用1.5倍速、2倍速,甚至更高速度,追剧、听书、说话、谈合作,手机统治的年代,碎片时间,已余额不足,而对于礼查饭店,我们要做的,就是珍惜这份宝贵的历史文化遗产。

五、续写时代新传奇

资料显示,三位英籍犹太富豪巨头(雅各布·沙逊、哈同、嘉道理),罕见地交集于礼查饭店。不仅如此,国内多家经典饭店都与礼查饭店有很深厚的渊源。

例如上海汇中饭店与礼查饭店。

汇中饭店,是礼查饭店20世纪10年代的竞争对手,两家棋逢对手,建筑命运又殊途同归:

建筑高度:汇中饭店,为6层、30米;礼查饭店,为5层、30.8米。

营造商:汇中饭店,为王发记营造厂,创办人为来自浦东高桥的王松云;礼查饭店,为周瑞记营造厂,创办人为来自浦东高桥的周瑞庭。

建筑命运:2007年,瑞士富豪小海耶克击败LVMH,从锦江集团手中夺得和平饭店南楼(汇

2013年的浦江饭店建筑夜景（肖可霄摄）

浦江饭店将续写虹口北外滩的建筑新传奇（肖可霄摄）

浦江饭店的意义

中饭店大楼）三十年经营权，以约年租金5000万元人民币代价，斥巨资改造，把这幢1908年竣工的历史建筑改造成斯沃琪集团在瑞士以外最大的品牌据点。浦江饭店（礼查饭店），2018年1月1日起，被改造为中国证券博物馆。

更奇妙的是，历史上的1916年7月，礼查饭店将本契全地转与汇中有限公司（那时拥有汇中饭店）租用。

例如上海半岛酒店与礼查饭店。

嘉道理家族时期，它的前身香港上海大酒店有限公司，与礼查饭店有资本合作。1923年12月，汇中有限公司将礼查饭店本契全地转让香港上海大酒店有限公司（如今的半岛酒店集团）租用。为此，上海半岛酒店2010年开业时，宣称是"回归外滩"，其最尊贵的外滩套房命名为"礼查套房"。

例如上海大厦与浦江饭店。

1988年5月20日，因行政地缘等原因，浦江饭店随上海大厦划归衡山集团，一段时期内，浦江饭店在行政体制上，隶属于隔壁的上海大厦。

例如天津利顺德饭店与礼查饭店。

天津利顺德饭店与礼查饭店，是同一时代的中国经典老饭店，敬爱的周恩来总理十分青睐这一南一北两家老饭店。它俩曾一致称"Astor House Hotel"。

如今，横店集团梦外滩景区，已开业了一家"礼查饭店"，其建筑外貌、内饰装修，它对过去的礼查饭店，完全复刻。

2018年1月1日起，浦江饭店翻牌为中国证券博物馆。

建筑是历史、是记忆的载体。相信中国证券博物馆管理者承载着礼查饭店和浦江饭店时期的历史原力，将续写虹口北外滩的建筑新传奇。

注 释

1. 春秋时,郑国子产奉郑简公之命,出访晋国。晋平公摆出大国架子,没有迎接他。子产就命令随行人员把晋国的宾馆围墙拆掉,把车马开进去。晋国大夫士文伯责备子产说道:"我国为保证诸侯来宾的安全,所以修了宾馆,筑了高墙。现在你们把墙拆了,来宾的安全由谁负责?"子产回答:"我们郑国小,所以要按时前来进贡。这次贵国国君没有空闲接见我们。我们带来的礼物既不敢冒昧献上,又不敢让这些礼物日晒夜露。我听说从前晋文公做盟主时,接待诸侯来宾并不这样。那时宾馆宽敞漂亮,诸侯来了,像到家里一样。而今,你们的离宫宽广,宾馆却像奴隶住的小屋,门口窄小,连车子都进不去,客人来了,不知什么时候才能被接见。这不是有意叫我们为难吗?"士文伯回去向晋平公报告。晋平公自知理亏,便向子产道歉,立刻下令兴工,重修宾馆。这个故事说明,那个时候人们已经相当重视宾馆的建设。
2. 《上海之旅馆业》,《上海地产月刊》,1932年第7卷第57期,第6页。
3. 马薇薇:《晚清上海娱乐观念的传播学研究》,中南大学出版社2016年版,第57页。
4. 熊月之:《上海租界与近代中国》,上海交通大学出版社2019年版,第45页。

附录一

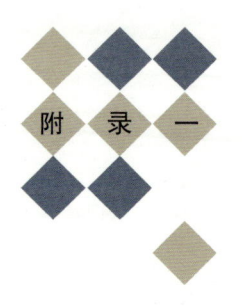

大事记[1]

1846年

英国苏格兰籍侨民彼得·菲利克斯·礼查,在靠近上海县城的洋泾浜南岸(今金陵东路外滩附近)开设了第一家西式旅馆, Richards' Hotel and Restaurant由此诞生,它是礼查饭店的前身。

1846年12月22日

道路码头委员会在礼查饭店召开成立会议,租界每年初召开租地人大会,由该委员会报告上一年度的建设情况。

1848年11月

英租界西界推进到今西藏路。同年,上海地方官允许美国圣公会传教士要求,在虹口也是如今浦江饭店(礼查饭店)所在区域,开辟美租界。

1855年

韦尔斯桥(外白渡桥前身)动工,1856年10月竣工。1857年,韦尔斯桥开通后,礼查看中苏州河北岸、黄浦江边上一块荒地,低价买下,准备建造旅馆。礼查饭店移址韦尔斯桥(即外白渡桥现址)。

1858年

亨利·史密斯从礼查手中买下了这块地,并着手建造旅馆；英文名改称Astor House Hotel，中文名则不变。

1860年
一幢两层楼的西式旅馆便出现在世人面前，具有英殖民地外廊式建筑，它就是礼查饭店。礼查饭店是上海第一家近代化的西式旅馆，专门接待外国旅客。

1868年8月8日
礼查饭店隔江对面的公家花园（外滩公园）建成开放。

1873年10月7日
英国驻大清国公使威妥玛爵士等一行，入住礼查饭店。同年，威妥玛爵士在京觐见同治帝。

1873年
公共租界工部局在今外白渡桥地址，也是礼查饭店对面，建造1座长117米、宽12米的木桥，称为外摆渡桥，因过桥不付钱，故称外白渡桥。1907年，改建为钢桁架桥。

1882年7月26日
英商上海电光公司开始对外"试燃电灯"，当时租界内仅有15盏弧光灯，礼查饭店安装了4盏灯。

1883年

英商上海自来水公司向租界供水，礼查饭店是第一批最早使用自来水的用户之一。

1886年3月4日

澳门总督下榻礼查饭店。

1887年3月

裴尔将礼查饭店所在租地79.5亩，转与沙逊。

1888年5月10日

美国驻华公使田贝来沪，下榻礼查饭店。

1892年6月

沙逊将所租地68.1亩由经理人哈同转与业广地产公司。

1894年5月9日

礼查饭店举办赛花盛会，"驻沪西人之有爱花癖者纷至沓来争先买票"。

1897年4月10日

因小车工人抗捐事件，西商在礼查饭店再次举行会议，列名者200余人，到会者2000余人，"以礼查客厅正厅之大，后到之人，几无容足之所，论议纷纷，莫衷一是"。[2]

1901年5月

业广地产公司将租地划出0.99亩转与德国教会。

1901年

上海第一本电话名簿《华洋德律风公司行名薄》中，礼查饭店电话号码为"二百号"。

1903年5月

业广地产公司将所租用地划出14.6亩转与礼查饭店，另立新契（英册4300号）。

1903年

礼查饭店在老楼后面造了一幢5层砖木结构的大楼，就是现在的浦江饭店中楼，建筑面积约8100平方米。

1906年

上海制造电器公司获准在上海建有轨电车，须铺设跨越苏州河的轨道,遂由工部局出面,责令礼查饭店让出部分土地,用于修建外白渡桥钢桥。由是礼查饭店拆除旧房另起高楼。

1907年10月8日

上海地方政府与租界市政管理层联合接待美国陆军部长达夫提(William Howard Taft),晚宴在礼查饭店。中国美国协会主席、中国青年会执行主席马士(H.B.Morse)、美国驻沪总领事田夏礼(Charles Denby)、两江总督端方代表唐露园、上海士绅代表朱葆三等230人莅临。[3]

1908年11月

由建筑师Thomas设计,礼查饭店向当时的上海市市政委员会公共工作部(SHANGHAI MUNICIPAL COUNCIL PUBLIC WORKS DEPARTMENT)申请施工执照,拟建金山大楼(五层)黄浦路楼(六层)及金山路楼(五层)。

1910年

礼查饭店主体建筑竣工。重新竣工的礼查饭店给人以面目一新的感觉,吸引了众多的新老旅客,房租也提高到每间每天6—12元,而当时中国人开设的客栈,每间约280文钱。这带来了可观的经济效益。

1911年8月

工部局批准,允许出租汽车上街雇乘,规定设置:礼查饭店对面、上海总会(如今华尔道夫酒店)、金门饭店对面等四个出租汽车停靠点。

1914年

由建筑师LATUENTE＆WOOTTEN设计,营造商为"H.E ARNHOLD ENGINEERS REINFORCED CONCRETE DIVISON"建造了单层大名路楼,作为商店使用。

1915年7月3日

R.W.MacCabe 担任礼查饭店经理。[4]

1915年11月11日
上海镇守使郑汝成,赶赴驻沪日领事馆贺日皇加冕典礼,乘汽车行经礼查饭店门前,被刺身亡。

1916年7月
礼查饭店管理者将本契全地转与汇中有限公司租用。

1917年1月
美国记者鲍威尔到上海,下船后第一个落脚点就是礼查饭店。密勒和鲍威尔创办的、美国在海外的第一大报《密勒氏评论报》,在礼查饭店创刊。

1918年2月1日
蓝建枢代表政府在礼查饭店宴请中西绅商代表。[5]

1918年9月27日
法界巡捕在礼查饭店捕获一罗马尼亚政治犯,移交美领事署。

1918年12月3日
上海工部局海陆军警两界为纪念"一战"协约国战胜,在礼查饭店邀请驻沪各国领事庆贺。《民国日报》对此进行了报道。

1919年
曾在礼查饭店当服务生的周祥生,创办祥生汽车。

1919年1月18日
日本赴欧议和全权代表西园寺公望来沪,戴天仇(后来的戴季陶)等迎于码头,西园寺公望入住礼查饭店。

1919年5月8日
汉学家伯希和请出版家张元济在礼查饭店共进晚餐,并托张元济代购《金石录》和《择是居丛书》,《道藏》和《四部举要》也各订购一部。[6]

1919年6月29日
美国哥伦比亚少年音乐团42人来沪,入住礼查饭店。[7]

1920年4月2日

美商会联合上海总商会及县商会,在礼查饭店宴请美国摩根代表拉门德及其同人,南方议和总代表唐绍仪及中华懋业银行代表徐恩元等中国财政各要人莅会。

1920年4月29日

为欢迎意大利飞行家佛拉林中尉来沪表演,上海护军使、淞沪警察厅及北京航空特派专使等代表,设宴于礼查饭店,飞行俱乐部会长克勒克氏主席、意领事及政府代表徐祖善等均有演说。

1920年8月5日

美国议员团抵沪,太平洋社在礼查饭店设宴欢迎,唐绍仪致欢迎词。莅会者有美克银汉领事及郭副领事、江苏长官代表郭泰祺、温世珍和护军使何丰林、道尹王赓廷等。

1920年11月17日

美国驻华公使克兰下榻礼查饭店。

1921年1月30日

美国银团驻华代表史蒂芬下榻礼查饭店。

1921年4月26日

华俄通信社驻华经理贺德罗夫下榻礼查饭店。

1921年11月20日

英国报界代表、《泰晤士报》主人北岩勋爵下榻礼查饭店。

1922年4月26日

美国节制生育运动领导人、教育家、作家山额夫人,入住礼查饭店。

1922年

礼查饭店底层孔雀厅改建,改建后宏大宽敞,可容500余人左右。这是礼查饭店建成后主建筑的收官之笔。

1923年1月11日

美国世界周游团抵沪,入住礼查饭店。旅游团400多人，游程为参观龙华塔、跑马厅、圣约翰大学等。

1923年6月5日

礼查西饭店添设华商餐厅。[8]

1923年7月18日

驻沪日本总领事船津辰一郎将赴奉天履新，领事团驻沪十五国领事，在礼查饭店为船津设宴。

1923年10月19日

驻华兼驻日瑞典公使意佛乐君，北上履新前住礼查饭店。驻沪瑞典总领事李立侯在礼查饭店宴请新公使，并邀请领事团、工部局董事、旅沪瑞商等作陪。

1923年12月22日

礼查饭店孔雀厅新落成。

1923年12月

汇中有限公司将本契全地转让香港上海大酒店有限公司（如今的半岛酒店集团）租用。

1924年1月20日

挪威总领事、在沪挪威侨商在礼查饭店设宴欢迎驻北京挪威公使来沪。

1924年3月14日

美国商会在礼查饭店二层楼，欢宴总商会会董，宋汉章、方椒伯、虞洽卿、冯少山等莅临。

1924年6月5日

日本驻沪总领事矢田，为庆祝日太子婚礼，假座礼查饭店、举行晚餐会，招待中西要人及其夫人。晚餐后，续开庆祝舞会。

1924年10月17日

凌晨四时左右，礼查饭店厨房间失火，顿时烟穿屋顶，救火会闻警后，立驱车到场扑火。总计焚毁房屋两间。

1925年6月

礼查饭店侍应生等服务人员于6月4日参与五卅运动罢

工后，6月5日，客利、麦边、卡尔登、法总会、美总会、英总会等各西饭店服务人员约二千余人，一致相继罢工，并组织上海洋务职业协会，为死伤同胞力争。

1926年3月22日

英国退还庚子赔款委员团，在礼查饭店招待中外报界。委员长惠灵顿爵士夫妇及中国委员胡适、王景春、丁文江和中外报界二十余人出席。惠灵顿演说，胡适翻译。

1926年10月12日

美总统柯立芝专使汤谟生，为调查菲律宾经济政治现状，来沪下榻礼查饭店。江苏交涉署派交际科长王漱霞前往礼查饭店访晤。

1927年5月上旬

周恩来夫妇隐身礼查饭店。

1927年5月17日

为祝贺西班牙国王诞辰，西舰司令在礼查饭店欢宴西侨及各国领事与海陆军界。

1927年8月5日

上海扶轮社和美国大学俱乐部，在礼查饭店设宴欢迎美国参议员平海姆博士。上海扶轮社长朱神恩、美国大学俱乐部长邝富灼、美国驻沪法庭检察长潘迪、美国驻沪总领事克银汉、商务参赞安诺尔、复旦大学校长李登辉及中西来宾约200余人出席。

1927年8月21日

世界第一所新闻学院——美国密苏里大学新闻学院的创始人、世界报界大会会长、中美新闻界友好交往的先驱——沃尔特·威廉博士，第四次来华，入住至礼查饭店。

1928年1月1日

中国赛狗会有限公司假座礼查饭店、招待沪上新闻界。

1929年2月14日

新新股份有限公司董事会假座礼查饭店二楼，开第五十四届董事会议，费信惇大律师到场见证，票选李星衢为总经理。目前，广东台山有李星衢纪念学校。

1929年4月17日

联太平洋会假礼查饭店欢宴驻美公使施肇基调任驻英公使。外交部长王正廷博士夫妇、美国驻亚舰队司令毕斯德、美国哈佛大学教授威尔逊、驻沪美总领事克宁汉、英国驻京代表牛顿约百余人出席。

1929年10月16日

菲律宾议长奎松下榻礼查饭店。行程中，他曾赴哈同花园游览，哈同亲任招待。

1930年1月11日

礼查饭店着火，从地下室蔓延到一楼。礼查饭店快速通知消防队救火，并有序安置住客疏散，无人员伤亡，损失不大。

1930年11月2日

马克斯·席布勒成为礼查饭店新经理。

1931年3月30日

英国海军上校葛洛曼来华，下榻礼查饭店。

1931年

著名作家张爱玲的父亲和后母，在礼查饭店孔雀大厅举办订婚仪式。

1931年5月17日

为纪念挪威国庆日，驻沪挪威总领事假座礼查饭店举行庆祝，举办庆祝宴会及跳舞会。

1931年9月19日

礼查饭店在下午5时举行第一次茶舞大会，"闻此后收费加至一元半"。[9]

1932年2月3日

日军盘踞虹口，在三日休战期内，积极布置防御，礼查饭店屋顶上面被架设机关枪，室内亦有大批日军驻守。

1932年2月27日

驻沪警备师独立旅旅长王赓，在礼查饭店被日海军陆战队带走，拘禁于日军司令部，所携文件被日方扣去。

1932年12月17日

中华麻疯救济会（中国麻风防治协会的前身）假座礼查饭店孔雀厅，举办慈善跳舞大会，所售券资，悉为补助该会经费使用。银行家张嘉璈（张公权）、著名医学教育家和公共卫生学家颜福庆和在1910年扑灭东北肺鼠疫暴得大名的伍连德博士等，均携其眷属，翩翩莅临。当晚头奖为民国头号大律师江一平夫人虞澹涵亲笔所绘的中堂一幅，虞澹涵是民国时期上海商会会长、巨商虞洽卿长女。

1933年2月17日

"因作品具有理想主义和人道主义"而获1925年诺贝尔文学奖的爱尔兰剧作家萧伯纳，乘不列颠皇后号轮来沪，休息在礼查饭店，在沪总停留八小时半。

1933年2月24日

为欧洲爱沙尼亚国宣告独立十五周纪念，上海爱侨于当晚集合礼查饭店、开盛大之庆祝宴。

1934年10月21日

匈牙利艺术家脱芝来沪，下榻礼查饭店。他曾以三年半时间，专门从事研究中国舞台艺术。

1935年12月14日

哈里·卡默林被任命为礼查饭店酒吧主管。

1936年10月31日

俄罗斯正教会主办的慈善跳舞会，在礼查饭店举行，收入充作在沪俄国老弱妇女救助费。[10]

1937年3月13日

澳大利亚国际扶轮社组东方游历团、团长密琪尔等63人,乘德邮香霍斯脱号轮抵沪,上海国际扶轮社假座礼查饭店,举行跳舞会欢迎。

1937年5月15日

这日为拉脱维亚共和国国庆纪念日,旅沪该国侨商一律休假悬旗志庆,并于晚间假座礼查饭店举行庆祝会。侨沪该国人民,为数不多,故未在沪设置领事馆,领务委托芬兰驻沪总领事聂斯堪南代管。

1937年8月18日

香港上海旅馆公司经理处驻沪秘书赫兹尔声明,外传礼查饭店租与日人之说、实属不实。杨树浦日侨避难者曾强入礼查饭店,香港上海旅馆公司已向日总领事提出抗议,该总领事允劝他们退出。

1938年11月7日

日商等集资五千万日金,组织"华中渔业公司",在礼查饭店开"创立会",企图掠夺华中各省渔业,而实施统制,上海伪"渔市场"亦被隶属管辖。

1939年3月14日

《大美晚报》等报道礼查饭店原属英商上海香港饭店有限公司,已售日商,14日午后从礼查饭店取下英旗,而悬日旗。当时记者询问该公司代表,据称礼查饭店并未售予日人,惟由日商承租。

1941年

太平洋战争爆发后,日本人占领上海租界。

1942年4月15日

《大美晚报》报道,日本当局最新规定,自4月11日起,一切外侨旧通行证均告作废,并须将此项旧证于4月20日前缴还日总领署。各外侨需到礼查饭店日领事署,缴消该项通行证。

1946年8月至1951年7月

香港上海大酒店有限公司与香港新联地产有限公司签

订5年协议，礼查饭店由香港新联经营，香港上海大酒店有限公司收取租金。

1946年11月2日

礼查饭店全体146位职工，举行罢工，向资方提出调整底薪要求："将原有自三十五元至五十元之底薪予以调整，同时依照汇中饭店同等待遇，增设津贴自三万五千元至十万元。"[11]

1947年12月27日

全国花纱布管理委员会主委袁良，在礼查饭店欢宴该会全体委员、顾问及各处处长。

1949年4月21日

经济部部长孙越崎，就缫丝业贷款，邀请工商界代表在礼查饭店四楼，召开谈话会，共商解决办法。

1949年5月28日

中国人民解放军解放上海的第二天，卫生局解放军代表王聿先在礼查饭店召集旧上海市卫生会议，就上海环境卫生问题研究整治方案。

1954年6月

礼查饭店被上海市人民政府代管。

1956年4月

上海市房地产管理局接管了礼查饭店，并先后作为华东纺织管理局和中国茶叶出口公司的办公地点及海军家属、茶叶公司、棉纺公司的宿舍。

1958年6月25日

礼查饭店随上海大厦、和平饭店、锦江饭店等，一并划归至上海市人民政府机关事务管理局。上述饭店房屋产权，除礼查饭店属虹口区房地局外，均为机管局自管房。

1959年5月27日

礼查饭店更名为浦江饭店正式对外营业，成为市政府下属的高级招待所，正式对外营业，由上海市机关事务管理局接管。

1961—1964年

《辞海》编委会在浦江饭店完成《辞海》的修订工作，苏步青等六七十位知名学者曾在这工作。

1973年11月

为了落实大型客机配套成品和进行技术协调，三机部在上海大厦及浦江饭店召开了"708大客机配套成品技术协调会"（"7311"会议）。

1976年3月8日

三机部主持，市工交组和市机电一局708办公室参加，"全国成品协调会"在浦江饭店召开，历时16天。

1978年1月9—28日

海洋地质调查局在浦江饭店召开了海洋地质会议。会议制定了海洋地质工作和科技工作的三年计划和八年规划及若干具体措施。

1980年5月29日

浦江饭店出台并执行副科长以上干部和三级以上厨师、管理员工资制度，最高为浦江饭店原经理甄建一，17级，月工资（含附加）为107.33元。最低为雍继祥，21级，月工资（含附加）为69.83元。[12]

1980年11月26日

因仅有的一个电视机不能满足饭店旅客需求，浦江饭店向上级单位上海革委会机关事务管理局申请购买电视机，最终同意浦江饭店购买1个19寸黑白电视机申请。[13]

1981年3月7—9日

上海远洋运输公司工会第四次会员代表大会在浦江饭店召开，出席大会代表262人。

1982年6月1日

经上海市人民政府机关事务管理局批复和市物价局审核，浦江饭店自费零散外宾房价，双人单间：32元；

三人单间：40元。[14]

1982年7月8日

浦江饭店选出第一届工会主席及委员，王玉珍当选主席。[15]

1984年9月

浦江饭店随上海大厦划归锦江集团。

1988年5月20日

浦江饭店随上海大厦划归衡山集团。

1990年12月19日

上海证券交易所在浦江饭店正式挂牌成立。1990年至1997年，浦江饭店孔雀厅曾作为新中国第一家证券交易所—上海证券交易所的第一交易大厅，开启了新中国证券集中交易的新篇章。

1994年

浦江饭店产权由虹房局划归衡山集团。

1995年

在时任衡山集团总裁吴怀祥的关心下，上海衡山集团成立集团饭店文史资料办，深挖浦江饭店等文史资料。

1998年9月

浦江饭店在国内率先加入国际青年旅舍联盟，向来自世界各地的大学生旅游团（号称"背包族"）提供廉价优质的服务。

1999年2月

浦江饭店被评为上海第二批优秀历史保护建筑。

2002年

浦江饭店完成第一期更新改造工程，并全部投入使用。

2015年

根据专家和学者建议，浦江饭店主动申请退出四星级饭店序列。

2015年5月21日

为庆祝中泰建交40周年，泰国国家旅游局等举办的泰国奢华酒店中国行（上海站）路演活动，在浦江饭店举行。

2015年9月18日

中国首届玛格南大师班在浦江饭店开课，推动中国摄影师走向世界。

2016年8月17日

上海宋庆龄基金会30周年华诞和浦江饭店170周年店庆，同时举办。"东方魔女"小提琴家黄晓俊博士举办"琴忆"故乡演奏会。

2017年9月6日

荷兰前首相、曾担任世界领袖联盟主席、马德里俱乐部主席的维姆·科克及夫人，下榻浦江饭店。[16]

2018年至今

浦江饭店更名改造为中国证券博物馆。

注 释

1. 若无特别标注，本书大事记、有关人物名录，均来源《申报》《北华捷报》和上海衡山集团饭店文史资料办和公开发表的刊物。本资料得到浦江饭店的叶跃群和林海英、上海图书馆的任国祥、上海社科院历史研究所的褚晓琦以及上海市档案馆等帮助，在此致谢。
2. 《纪西商会议加捐事》，《新闻报》1897年4月11日。
3. 熊月之：《上海租界与近代中国》，上海交通大学出版社2019年版，第337页。
4. 《大陆报》1915年7月3日。
5. 《去年十二月大事之回顾》，《新民报》1919年6月12日。
6. 上海图书馆编：《上海图书馆藏张元济文献及研究》，上海古籍出版社2017年版。
7. 《美国少年音乐团开沪》，《时报》1919年7月1日。
8. 《新闻报》1923年6月5日。
9. 《中国摄影学会画报》1931年9月19日，第7卷第306期。
10. 《昨晚在礼查饭店举行慈善跳舞会》，《立报》1936年11月1日。
11. 《大公报》（上海）1946年11月2日。
12. 《上海浦江饭店填报的基层单位副科长以上干部和三级以上厨师、管理员工资情况表》，上海市档案馆，卷宗号B50-6-615-16。
13. 《上海大厦关于浦江饭店购买19寸电视机的报告》，上海市档案馆，卷宗号B50-6-101-132。
14. 《关于浦江饭店新辟外宾华侨客房要求核价的批复》，上海市档案馆，卷宗号B50-5-176-37。
15. 《关于浦江饭店第一届工会主席及委员的批复》，上海市档案馆，卷宗号B50-6-447-118。
16. 2015—2017年的大事记，源自"浦江饭店"官方公众号。

附录二　有关名人名录

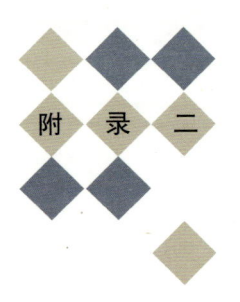

彼得·菲利克斯·礼查

Peter Felix Richards，生卒年不详。英国人，上海礼查饭店创始人。1844年，礼查开设了自己的公司—P.F. Richards & Co.，经营百货等。1846年，礼查在如今金陵东路外滩南侧，创办礼查饭店。

文惠廉

William Jones Boone，1812—1864。美国人。1848年，文惠廉向清苏松太道提出将虹口辟为美侨居留地（后称美租界）。1853年，圣公会第一所有堂宇建筑的救主堂，在虹口距离如今浦江饭店（礼查饭店）不远的百老汇路、蓬路（即文监师路今塘沽路）口落成。

亨利·史密斯

Henry W.Smith，生卒年不详。美国人。1858年接手礼查饭店。

威妥玛爵士

Thomas Francis Wade，1818—1895。英国外交官、汉学家，因发明用罗马字母标注汉语发音系统"威妥玛拼音"而著称，留居中国40多年，在华期间曾编课本《语言自迩集》，著有《寻津录》。1873年10月7日，威妥玛时任英国驻大清国公使，入住礼查饭店。1875年4月，威妥玛再来上海，又住礼查饭店。

雅各布·沙逊

Jacob Elias Sassoon，1844—1916。英籍犹太人。雅各布·沙逊爵士从1880年起执掌新沙逊洋行的经营权，直至去世。1887年3月，礼查饭店地契拥有者将所用租地79.5亩转与雅各布·沙逊所在的沙逊集团。

哈同

Silas Aaron Hardoon，1851—1931。英籍犹太人，19世纪末、20世纪初中国上海的一位犹太裔房地产大亨。他曾建造哈同公园。

1892年6月，沙逊集团将所在礼查饭店租地68.1亩由经理人哈同转与业广地产公司。

沃特·布莱恩

Walter Brauen，生卒年不详。1906年，沃特·布莱恩担任礼查饭店经理。

张元济（1867—1959）

字筱斋，号菊生，浙江海盐人。中国近代杰出出版家、教育家、爱国实业家。1903年初，张元济进商务印书馆，历任编译所所长、经理、监理、董事长等职。解放后，担任上海文史馆馆长，继任商务印书馆董事长。

张元济主持商务印书馆时期，商务印书馆从一个印书作坊发展成为中国近代史上最具影响力的出版企业。他推出严复翻译的《天演论》、林纾翻译的《茶花女》等大批外国学术、文学名著。他主持影印《四部丛刊》、校印《百衲本二十四史》以及创建东方图书馆，对保存民族文化有很大贡献，著有《校史随笔》《中华民族的人格》等。

1908年6月20日，张元济与夏瑞芳、印有模、原亮三郎于礼查饭店宴请高凤岐、高梦旦、蒋维乔、陶葆霖、杜亚泉等及日本客人几十人。[1]

1919年5月8日，法国汉学家伯希和，请张元济在礼查饭店共进晚餐。[2]

周瑞庭（1869—1949）

字名莹，上海浦东高桥周家浜人。

周瑞庭11岁到上海学习木匠手艺，19岁时做到木工挡手，先后在杨斯盛等手下承包工程，为周瑞记营造厂创始人，该营造厂在上海建造的重要工程有：礼查饭店、礼查饭店对面的俄罗斯公馆（现俄罗斯领事馆，1916年10月竣工）等上海经典建筑。

托马斯·费尔法克斯·富兰克林·密勒

Thomas Fairfax Franklin millard，1868—1942。美国人。密勒刚出道时是一名戏剧评论家，后来他转行进入新闻业，成为战地记者。他先到南非报道布尔人与英国人的战争。随后，密勒来到中国，加入《纽约先驱报》。离开《纽约先驱报》后，他创办《大陆报》，因资金短缺而倒闭。1917年，他在上海创办《密勒氏评论报》。密勒被认为是美国乃至整个西方最早来中国办报的职业报人，被誉为"美国在华新闻业之父"。1900年，他曾长住上海礼查饭店。[3]

约翰·本杰明·鲍威尔

John Benjamin Powell，1888—1947。美国人。

鲍威尔为著名记者、报人，美国"密苏里新闻帮"远东采访报道的先驱。《密勒氏评论报》在鲍威尔的专业运营下，通过美国专业办刊方式的本土化，拓宽新闻报道范围，构建跨国编辑记者团队，丰富刊物的经营和管理方式，成为当时美国在华影响力最大媒体，堪称"中国时局的观察家"。

1917年2月初，鲍威尔来到上海礼查饭店并长住，协同密勒创办《密勒氏评论报》。1922年鲍威尔收购报社股权，成为发行人。

拉富恩特

Lafuente，1871—1931。拉富恩特为西班牙裔，礼查饭店孔雀厅建筑设计师。1917年以"来和事务所（Lai-Wo Studio）"名义，与其合伙人G. Wootten一起完成了礼查饭店扩建舞厅的建筑改造。1923年，香港上海大酒店有限公司并购控股礼查饭店后，拉富恩特为礼查酒店再次改造餐厅兼舞厅。

伍朝枢（1887—1934）

字梯云，广东新会县会城镇人。

伍朝枢出生于天津，为清末民初杰出外交家、法学家伍廷芳之子。

1917年8月2日，国民政府外交部长伍朝枢受孙中山总统委托，在礼查饭店与端纳（美国顾问）会晤，共进工作午餐。

保罗·伯希和

Paul Pelliot，1878—1945。法国汉学家，中学毕业后就学于巴黎大学，主修英语，后入法国汉学中心学习汉语，继入国立东方语言学校，专攻东方各国语文历史。因1908年走入敦煌，对莫高窟进行编号、测绘、摄影和文字记录，他成为余秋雨笔下的"文化大盗"。

1919年5月8日，伯希和请出版家张元济在礼查饭店共进晚餐。

周祥生（1895—1974）

原名锡杖，又名锡祥，后改名祥生，浙江定海周家塘人。周祥生为祥生汽车创始人，曾在礼查饭店做侍应生。1919年，周祥生开始经营出租汽车。

唐绍仪（1862—1938）

字少川，广东香山人，清末民初政治活动家、外交家，曾任北洋大学（现天津大学）、山东大学校长，复旦大学创办人。唐绍仪自幼到上海读书。1874年，成为第三批留美幼童，赴美留学，后进入哥伦比亚大学学习。清末为南北议和北方代表，民国时出任第一任内阁总理。1938年9月30日，被刺杀于家中。

1920年4月2日，美商会联合上海总商会及县商会，在礼查饭店宴请美国摩根代表拉门德等，南方议和总代表唐绍仪等财政要人莅会。

山额夫人

William Sanger，1879—1966。出生于美国纽约，是美国计划生育运动创始人，计划生育运动的国际领袖，作品有《母亲须知》等。

1922年4月26日，山额夫人下榻礼查饭店。

查尔斯·A·比尔德

Charles A. Beard，1874—1948。美国著名历史学家，其"相对主义"史观和用经济原因来解释美国政治制度的研究方法，在学界引起广泛关注。1923年4月13日查尔斯来上海，入住礼查饭店。[4]

埃利沙·西拉斯·嘉道理

Elly·Kadoorie，1867—1944。1923年12月，汇中有限公司将礼查饭店本契全地转让香港上海大酒店有限公司（如今的半岛酒店集团）租用，当时香港上海大酒店有限公司负责人为埃利沙·西拉斯·嘉道理。因此缘故，如今上海半岛酒店12楼重要套房之一，名为"Astor Sutite"（礼查套房）。

宋汉章（1872—1968）

名鲁，字汉章，以字行，生于福建建宁，后回余姚，又迁居上海。1912年任上海中国银行经理。1925年后，历任上海总商会会长、中国银行董事兼总经理、中国保险公司董事长、上海银行公会会长等职。1948年改任中国银行董事长。

1924年3月14日，美国商会在礼查饭店二层楼欢宴总商会会董，宋汉章、虞洽卿等莅临。

方椒伯（1885—1968）

名积蕃，字椒伯，浙江宁波镇海人。1920年，任上海华商证券交易所董事；同年，任上海银行公会会董。1922年，与秦润卿等合资创办大有余榨油厂，任董事长。次年，兼任宁绍轮船公司董事长，公共租界纳税华人会理事长；同年，上海总商会改选，当选为副会长。1924年，发起组织吴淞江水利协会，任会长。1924年3月14日，美国商会在礼查饭店二层楼，欢宴总商会会董，方椒伯与宋汉章、虞洽卿等商界代表莅临。

虞洽卿（1867—1945）

浙江慈溪人，中国近代爱国民族资本家、航运业巨子。1898年起，在四明公所事件中参与同法租界公董局的交涉。1906年发起组织万国商团中华队，1908年开办四明银行，后又组织南洋劝业会，任副会长。曾先后创办宁绍、三北、鸿安轮船公司。1920年合伙创办上海证券物品交易所，任理事长，又任全国工商协会会长、上海总商会会长等。1923年当选为上海总商会会长。1924年3月14日，美国商会在礼查饭店二层楼欢宴总商会会董，虞洽卿等商界代表莅临。

彼得·凯恩

Peter B.Kyne，1880—1957。美国知名小说家与剧作家，出生于旧金山，著有《老兵比尔》等。1924年8月27日，彼得·凯恩和其夫人，下榻礼查饭店。《密勒氏评论报》鲍威尔等设宴欢迎。

王景春（1882—1956）

字兆熙，河北滦县人。北京汇文大学毕业后，先后入美国耶鲁大学、伊斯诺斯州大学学习，获博士学位。1912年任南京临时政府外交部参事。同年至1913年任京奉路、京汉路副局长。1925年，王景春任英国退还庚款谘议委员会委员。1931年，任伦敦购料委员会委员兼总干事。1949年，中英庚款购料事务结束后，迁居美国加州，继续从事《国音汉字罗马化之汉英字典》工作。1956年6月17日，病逝美国。1926年3月22日，英国退还庚子赔款委员团，在礼查饭店招待中外报界，王景春、胡适等出席。

李登辉（1872—1947）

字腾飞，祖籍福建同安，系华侨，我国近代著名教育家，复旦大学老校长。

1927年8月5日，时任复旦大学校长李登辉，在礼查饭店出席上海扶轮社和美国大学俱乐部对美国参议员平海姆博士的欢迎宴会。

邝富灼博士

Dr. Fong Foo-Sec，1869—1938。字耀西、曜西，广东新宁（今台山市）人，英语翻译家、上海商务印书馆英语部总编辑，著作《新英文典》《英文法阶梯》等。长女邝文美夫婿，为知名文学家、翻译家宋淇，是张爱玲文学遗产代理人。邝富灼1922年加入上海扶轮社，1931—1932年担任上海扶轮社社长，1933—1934年担任国际扶轮理事，1936—1938年担任中国地区扶轮社总监。1927年8月5日，上海扶轮社和美国大学俱乐部在礼查饭店设宴欢迎美国参议员平海姆博士，上海扶轮社社长朱神恩主持会议，上海扶轮社社员、时任美国大学俱乐部会长邝富灼出席。

沃尔特·威廉

Walter William，1864—1935。美国人。

青年时期，威廉在《蓬佛尔新闻报》(Boonville Newspaper)印刷所作校对，后升任编辑。1890年，他被聘为《哥伦比新闻报》主笔。1895年，他被选为美国全国编辑会会长。1908年9月14日，威廉在密苏里大学创办起世界第一个新闻学院，担任院长，任期20余年。1916年，他总结新闻工作经验，制定出"新闻记者信条"八条。威廉先后五次访华（1914、1919、1921、1927、1928），四次与《申报》有接触。威廉是《密勒氏评论报》关键人物鲍威尔、斯诺的推荐人。

1927年8月21日和1928年8月3日，沃尔特·威廉来上海时，下榻礼查饭店。

马登

George Ernest Marden，1892—1966。1892年7月出生于英国埃塞克斯，英商茂泰洋行知名建筑设计师，其设计的上海多伦路145号和位于杨树浦路155号马登仓库，如今为虹口区登记不可移动文物。

20世纪20年代初，马登加入上海扶轮社，1928年3月29日，上海扶轮社在礼查饭店进行选举，时任茂泰有限公司经理的马登，当选为社长。"二战"后，他移居香港，并加入香港扶轮社。

玛戈·芳婷

Margot Fonteyn，1919—1991。被公认为有史以来最伟大的古典芭蕾舞艺术家之一，毕生效力于英国皇家芭蕾舞团。代表作有《罗密欧与朱丽叶》《天鹅湖》等。芳婷在中国和美国度过童年，并开始学习芭蕾。1928年春，芳婷9岁的时候，全家入住礼查饭店。[5]

费信惇

Stirling Fessenden，1875—1943。美国人。1903年来上海任律师。1905年与其他外籍律师合组律师事务所。

1920年入选上海公共租界工部局董事会，1923—1929年任工部局总董。1929年辞去总董，转任工部局总裁，负责为工部局处理政治性事务及对外交涉事宜，并作为工部局总董的主要助手和顾问参与工部局重大政策的制定。1939年6月30日因眼疾辞去总裁职务退休。太平洋战争爆发后，被日军拘禁，死于上海外侨集中营。

1929年2月14日，新新股份有限公司董事会在礼查饭店二楼开董事会议，费信惇以大律师身份到场见证。

王正廷（1882—1961）

原名正庭，字儒堂，号子白，奉化人。民国时期外交官，长期在南方政府中任职，推行革命外交。他热心体育事业，致力奥林匹克运动在中国的开展，是近代中国著名的体育领导人之一。

1929年4月17日，时任外交部长王正廷，于礼查饭店出席为新任驻英公使施肇基博士举办的宴会。

1932年10月25日，礼查饭店举行无线电展览会期间，前外交总长王正廷介绍泛太平洋协会会董福特。

1934年12月6日，王正廷在礼查饭店会见英国驻华公使贾德干。1936年4月14日，国际扶轮社召开八十一区第一届年会，公推王正廷博士为第一届国际扶轮社八十一区名誉总裁。当晚8时，所有扶轮社会员，在礼查饭店晚餐。

张志沂（1896—1953）

又名张廷重，河北丰润人，清末张佩纶与李鸿章女李菊耦独子。1931年，张爱玲的父亲张志沂、后母孙用蕃，在礼查饭店孔雀厅举办订婚仪式。1934年，张志沂、孙用蕃在华安大厦（如今金门饭店）举办结婚典礼。

张嘉璈（1889—1979）

字公权，江苏宝山（今属上海）人，银行家、实业家，被誉为"中国现代银行之父"，主要作品有《关于旧中国的通货膨胀》《关于旧中国的铁路建设》等。

1932年12月17日，中华麻疯救济会（中国麻风防治协会的前身）假座礼查饭店孔雀厅，举办慈善跳舞大会，银行家张嘉璈出席。

伍连德（1879—1960）

字星联，祖籍广东台山，出生于马来西亚槟榔屿。医学博士，中国卫生防疫、检疫事业的创始人，中国现代医学、微生物学、流行病学、医学教育和医学史等领域的先驱，中华医学会首任会长，北京协和医学院及北京协和医院的主要筹办者。伍连德指挥扑灭了1910年在东北爆发的肺鼠疫，这是中国有史以来第一例以科学防疫专家实践与政府行为相结合、有效控制的大型瘟疫。由于伍连德在研究鼠疫传播和防疫方面的突出贡献，1935年他被提名为诺贝尔医学与生理学奖候选人，成为第一位获此殊荣的中国人。

1932年12月17日，中华麻疯救济会在礼查饭店孔雀厅，举办慈善跳舞大会，伍连德与著名医学教育家和公共卫生学家颜福庆等出席。

萧伯纳

George Bernard Shaw，1856—1950。爱尔兰剧作家，1925年获诺贝尔文学奖，代表作有《圣女贞德》等。

1933年2月17日，萧伯纳乘不列颠皇后号轮来沪，休息在礼查饭店。

马可尼

Guglielmo Marconi，1874—1937。意大利科学家，1909年获诺贝尔物理学奖，享有"无线电之父"美誉。

1933年12月11日，马可尼在礼查饭店，出席泛太平洋协会为他举办的饯行晚宴。孔祥熙、虞洽卿等及意大利公使、意大利驻沪海军司令等中外来宾300余人到场。[6]

哈雷特·阿班

Hallett Edward Abend，1884—1955。任美国《纽约时报》

驻华记者期间（1927—1940），采访撰写了大量有关当时的中华民国政府内政、外交和人物报道，彻底扭转以往西方媒体对中国乃至远东局势兴趣寥寥的局面。1940年9月21日，阿班在礼查饭店，与日军的岩村、西尾和来自南京的板恒共进晚餐，做采访了解。数日后，他报道了日本将与德国、意大利正式结成军事同盟的全球独家新闻。[7]

袁良（1883—1953）

字文卿、文钦，浙江杭州人，早年留学日本。1929年10月任上海市公安局局长。1948年1月1日，经济部纺织事业调节委员会改组为全国花纱布管理委员会，袁良任主任。

袁良任北平市长期间，曾给想到陕北采访中国共产党根据地的美国记者埃德加·斯诺开具了特别通行证。斯诺为感谢袁良的帮助，赠给他一支英国造苹果牌双管猎枪（枪号517）。1953年袁良在病逝前将该枪赠给长孙袁奇。2001年袁奇将枪上交给了九江市公安局浔阳分局浔阳楼派出所。

1947年12月27日，时任全国花纱布管理委员会主委袁良，在礼查饭店欢宴该会全体成员。

王聿先（1909—1997）

曾任上海市卫生局原局长等，新四军医疗事业的奠基人。

1949年5月28日，中国人民解放军解放上海的第二天，卫生局解放军代表王聿先在礼查饭店召集旧上海市卫生会议，就上海环境卫生问题研究整治方案。

尉文渊

1990年，尉文渊筹办上海证券交易所，当年12月19日，上交所在虹口区浦江饭店孔雀厅开业，任职上海证券交易所总经理。尉文渊首推电子交易、无纸化交易、创办上海证券报、力主市场扩容系统等。

毕纪根

2004年1月至2006年2月,担任浦江饭店总经理。

顾勤星

2006年3月至2011年3月,担任浦江饭店总经理。

熊凯

2011年4月至2014年4月,担任浦江饭店总经理。

贾雪樑

2014年5月至2017年10月,担任浦江饭店总经理。

叶跃群

2017年11月至今,担任浦江饭店总经理。

姜洋

2018年至2019年,任中国证券博物馆理事长。

黄红元

2020年至今,任中国证券博物馆理事长。[8]

注 释

1. 张树年主编,柳和诚、张人凤、陈梦熊编著:《张元济年谱》,商务印书馆1991年版,第77页。
2. 张元济:《张元济全集》(第七册),商务印书馆2008年版,第65—66页。上海图书馆编:《上海图书馆藏张元济文献及研究》,上海古籍出版社2017年版。感谢柳和城先生帮助。
3. 源于斯诺夫人回忆录,《密勒氏评论报》在礼查饭店创立。
4. 此线索由叶跃群先生提供。源自《北华捷报》1923年4月13日,010版。
5. 芳婷著,陈文如译:《玛歌芳婷自传》,南粤出版社1980年版,第20页。
6. The Shanghai Times,1933年12月11日,0004版。
7. 阿班著,杨植峰译:《一个美国记者眼中的真实民国》,中国画报出版社2014年版,第293页。
8. 爱因斯坦、卓别林、格兰特等广为流传的、入住礼查饭店的名流嘉宾,因笔者未能核查到一手资料等原因,故未能收录。

参考文献

【美】鲍威尔著,邢建榕、薛明扬、徐跃译:《我在中国二十五年:〈密勒氏评论报〉主编鲍威尔回忆录》,上海书店出版社2010年版。

【英】兰宁、库寿龄著,朱宁译:《上海史》,上海书店出版社2020年版。

上海市虹口区档案馆编:《虹口1843—1949》,上海人民出版社2017年版。

熊月之、高俊:《上海的英国文化地图》,上海锦绣文章出版社2011年版。

【美】约翰·汉密尔顿:《埃德加·斯诺传》,辽宁大学出版社1990年版。

熊月之:《上海租界与近代中国》,上海交通大学出版社2019年版。

马军:《舞厅·市政——上海百年娱乐生活的一页》,上海辞书出版社2011年版。

周尔鎏:《我的七爸周恩来》,中央文献出版社2017年版。

后记

过去10多年时光里,我约100多回,步入浦江饭店这栋建筑。

淳子、小白、周蓉、吴怀祥、赵丹虹、陆元敏、蔡志文、袁学娅、王臻、朱宝龙、胡升阳、卞军、王可然、杨柏伟、王岚、尉文渊。数不清了,应该我的朋友有30多位和我一同走进这栋建筑吧。绝大多数,我们就在昔日礼查饭店客房、如今叶跃群先生的办公室里,一杯舒展的绿茶,一个鲜活的饭店话题,不知不觉,一两个小时,就从我们身边溜走。留给我的,是沉淀在相机或手机里的合影和各种建筑特写。他们与我,亦师亦友,身处浦江饭店的百年建筑里,目睹我的青涩或所谓成熟。

可以说,《浦江饭店》撰写和出版,完成了自己一个小心愿。

2019年,我出版了自己第一本书《外滩酒店赏鉴》后,尽管有对浦江饭店做了重点描述,可我自觉,书里对浦江饭店的建筑、人文、历史等多个领域,没写透,甚至有的观点,因史料之苍白,而显得有些轻,我在心里默默对浦江饭店这栋建筑说,希望下次有机缘,能静下心来,专门为你这个大饭店写本书。

感谢上海市虹口区"爱上北外滩"丛书组织者信任，竟授命于我，单独撰写《浦江饭店》这本书，真是一个"甜蜜的任务"。

我依照熊月之老师的学术指点，拿出翻箱倒箧的笨力气，深入档案馆、图书馆，追根溯源。走进相关史料后，我惊讶地发现，原来浦江饭店这座体量不大的外滩建筑，不仅仅是曾经的上海豪华大饭店，它在上海城市发展史上，意义更是非同寻常，是大饭店时代名副其实的"国际会客厅"，单就浦江饭店和它的豪华"朋友圈"，就值得大书特书：世界"诺贝尔奖"级别的，至少有两位——爱尔兰作家萧伯纳、意大利科学家马可尼，礼查饭店曾接待过。20多个国家的元首大使外交官等政府代表，曾把隆重宴请接待或重要会议，放在了礼查饭店。从某种程度来说，一家礼查饭店，就是半部上海近代史。

能顺利撰写出版《浦江饭店》这本书，我要特别感谢下列机构和师友。

他们是上海市档案馆、虹口区档案馆、上海图书馆、上海衡山集团浦江饭店和上海大厦、中国证券博物馆、上海社会科学院历史研究所、上海半岛酒店、天津利顺德大饭店、西班牙驻沪领事馆。特别是虹口区档案馆，他们组织发布会、研讨会，在写作上，还为我们做专人对接。

感恩熊月之老师在学术方向、史料典籍上给我指引。是的，"二手资料"靠不住的，只有坐"冷板凳"，核验一手资料，打破砂锅问到底，不断思考创新，我们才可能在学识上有长足的进步。本书框架和浦江饭店与张元济、扶轮社、五卅运动等学术闪光点，皆是熊老师最早给我的指点。"浦江饭店的意义"一章中，熊老师更给予了部分补充。

感戴衡山集团浦江饭店叶跃群、林海英给我的扶助。3年采访合作相处，我们宛若家人。

致谢北京的方在庆，杭州的陈翼峻，天津的左坚，西班牙学者、建筑师阿尔瓦罗·莱昂纳多先生，还有郑保国等，你们给了我各种学术的帮助。

感谢陆健、冯谷兰、张卫东、任国祥、邢建榕、彭晓亮、叶舟、万俊、褚晓琦、刘敬恒、樊森、付春雷等师友，资料上给予我支持。

谢谢出版社的楼岚岚、胡雅君和姜明老师的辛勤付出。

感谢我的家人。请你们原谅我，写作状态下，我可能入戏太深，生活上有些迟钝，家也顾不上。有一段时间，我连晚上做出的梦，都是黑白颜色的。

诚实地说，囿于学识，本书一定有许多学识上的硬伤，恳请你们直接指出。

此为后记。

肖可霄　上海

图书在版编目(CIP)数据

浦江饭店/肖可霄著.—上海:学林出版社,2021
("爱上北外滩"系列/熊月之主编)
ISBN 978-7-5486-1715-0

Ⅰ.①浦… Ⅱ.①肖… Ⅲ.①饭店—介绍—上海 Ⅳ.①K928.8

中国版本图书馆 CIP 数据核字(2020)第 250226 号

责任编辑 胡雅君
整体设计 姜　明

"爱上北外滩"系列
浦江饭店
熊月之　主编
肖可霄　著

出　　版	学林出版社	
	(200001　上海福建中路 193 号)	
发　　行	上海人民出版社发行中心	
	(200001　上海福建中路 193 号)	
印　　刷	上海雅昌艺术印刷有限公司	
开　　本	890×1240　1/32	
印　　张	7.25	
字　　数	19 万	
版　　次	2021 年 5 月第 1 版	
印　　次	2021 年 5 月第 1 次印刷	
ISBN 978-7-5486-1715-0/K・201		
定　　价	58.00 元	

(如发生印刷、装订质量问题,读者可向工厂调换)